KB052827

게임 인류

메타버스 시대, 게임 지능을 장착하라

게임 인류

김상균 지음

몽스북
mons

목차

게임의 나비 효과 151

추천사

김상균 교수의 직업과 연구 분야를 떠올려보면 그 자신의 표현대로 '고리타분한 나쁜 꼰대'다. '대표 꼰대' 직업인 교수에다 연구 분야마저 부모들이 질겁하는 '게임'이니까. 그가 펴낸 『메타버스』라는 책만 봐도 도무지 어른들은 못마땅하다. 도대체 게임처럼 살아가는 세상이라니. 그런데 그것이 어느새 스마트폰을 신체의 일부처럼 사용하는 새로운 인류, 바로 포노 사피엔스가 살아가는 시대의 표준 문명이 되어가고 있다.

이제 세계의 거대 기업들은 생존을 위해 그들의 세계관을 바꾸고 게임처럼 비즈니스를 만들어가고 있다. Z세대의 새로운 세계관과 접속할 수 없다면 미래가 없기 때문이다. BTS가 〈포트나이트〉에서 공연을 하고 〈마인크래프트〉에 청와대가 등장하며, 제페토에서 블랙핑크가 사인회를 여는데 5,000만 명이 모여 즐기는 시대, 이것이 새로운 인류의 생활 공간이다.

혹시 아직도 게임을 연구하는 교수가 '나쁜 꼰대'라는 생각이 드는가? 그렇다면 '내가 꼰대구나'라고 생각하라. 꼰대가 되고 싶지 않다면 그가 보여주는 새로운 '게임 세계관'에 접속하라. 그리고 새로운 세계 메타버스에서 생활하는 '게임 인류'를 경험하고 여기저기 탐색해 보라. 그 안에 당신의 가치를 높여줄 핫한 아이템들이 가득 숨겨져 있다. 책도 게임하듯 즐겁게 놀면서 둘러보자. 어차피 인생은 한 판의 게임이 아니던가.

최재붕, 『포노 사피엔스』 저자

〈갤러그〉, 〈테트리스〉, 〈지뢰찾기〉……. 대략 이 정도가 내 게임 인생의 전부다. 동료들이 심취하던 〈심시티〉, 〈리니지〉, 〈스타크래프트〉 같은 데는 아예 관심을 두지 않았다. 그렇다. 나는 게임을 죄악시하던 시대에 모범생으로 살았다. 그게 자랑이었다. 그런데 『게임 인류』는 내 생각을 180도 바꿨다. 조직 생활을 하면서 가장 힘든 것은 철학을 전달하는 일이었다. 이것은 단지 책으로만 해결되는 게 아니다. 나는 게임 형태의 경험이 부족했다. 우리 사회는 변곡점에 서 있다. 변화의 곡선에서 떨어지지 않기 위해서는 연습이 필요하다. 어떻게 할까? 『게임 인류』에서 그 길을 찾을 수 있다. 특히 자녀를 키우거나 조직을 이끌어가는 분에게는 필독서다.

이정모, 국립과천과학관장

게임하는 아이를 바라보는 부모님의 속마음은 흡사 전쟁터와 같다. 교육 콘텐츠를 제작하다 보면 학부모들에게 가장 많이 듣는 질문 중 하나가 '게임'에 관한 것이다.

"도대체 왜 게임에 빠져 있을까?", "어떻게 해야 게임을 덜하게 할 수 있을까?", "게임 때문에 성적이 떨어진 것 같은데 어떻게 해야 할까?" 이 모든 질문은 '게임＝공부의 적'이라는 편견을 반영한다.

하지만 시대가 바뀌었다. 게임은 저자의 말대로 시대의 표준 문화다. 미래를 이끌어갈 '게임 인류'에게 공부와 게임은 적이 아닌 친구다. 게임을 대하는 진짜 원칙을 알고 싶다면, 아이와의 게임 전쟁을 끝내고 싶다면 이 책 『게임 인류』를 강력 추천한다.

조승우, '스몰빅클래스' 대표, 『압축 공부』 저자

우리는 게임 인류로 진화 중이다

'사이버스페이스cyberspace'라는 단어를 처음으로 사용한 SF 작가 윌리엄 깁슨William Gibson은 "미래는 이미 와 있다. 널리 퍼지지 않았을 뿐이다."라고 말했다. 제4차 산업 혁명은 진행 중이고, 세상은 메타버스로 넘어가고 있다. 메타버스metaverse란 현실 세계를 의미하는 '유니버스universe'와 '가공, 추상'을 의미하는 '메타meta'가 합쳐진 말로, 3차원 가상 세계를 말한다. 가상 현실보다 진보된 개념으로, 경제 활동이 일어나고 사회적 활동이 이뤄지는 온라인 공간이다.

보이는 것보다 훨씬 빠른 속도로 변화는 진행되고 사람들의 관심은 미래가 아닌 현재를 향해 있을 때, 문득 누가 메타버스의 주요 플랫폼과 콘텐츠를 보유하고 있는지 살펴봤다. 외국의 경우 대부분 〈포트나이트〉, 〈로블록스〉, 〈마인크래프트〉와 같은 게임 개발사들이 보유하고 있었다. 전혀 상관없을 것 같은 산업들이 게임 회사가 만든 플랫폼에서 만나 혁신적인 콘텐츠를 생산해 내는 것이다. 국내는 그 움직임이

미약하다. 발전을 저해하고 있는 요소 중 하나가 게임 회사를 향한 곱지 못한 시선이리라 생각했다.

'사이버스페이스'는 인터넷과 스마트폰 시대를 거쳐 메타버스 시대로 확장됐다. 안타깝게도 한국은 인터넷과 스마트폰 시대를 놓쳤다. 시가 총액 상위에 랭크된 정보통신 기업 'GAFA'는 구글Google, 애플Apple, 페이스북Facebook, 아마존Amazon을 말한다. 인터넷 강국이라는 한국의 기업은 없다. '놓쳤다'고 표현한 이유다.

애플은 1970년대에 세워진 회사지만, 초기의 애플을 인터넷 기업이라 부르는 이는 없다. 애플의 시가 총액 그래프가 가파른 곡선을 그리기 시작한 것은 아이폰을 출시한 2007년 이후부터. 구글과 아마존, 페이스북은 인터넷이 보급될 무렵인 1990년대 후반부터 2000년대 초반에 설립된 기업이다. 당시 한국은 조립식 컴퓨터를 생산하고 판매하는 데 집중했다. 삼성도 스마트폰 하드웨어 생산이 주력이었다. 컴퓨터를 만들어 판매하느라 부가 가치가 높은 플랫폼과 콘텐츠 분야에서는 두각을 나타내지 못했다. 하지만 인터넷과 스마트폰 시대를 놓쳤다고 해서 계속 하드웨어만 만들어야 하는 것은 아니다. 온라인에 부는 세 번째 물결, 메타버스에 재빨리 올라타야 한다.

미래의 인류는 인공 지능과 함께 살아가게 될 것이다. 인공 지능을 바라보는 관점을 보면 그 시대를 맞이할 준비가 되어 있는지 아닌지를 가늠할 수 있다. 연령이 낮을수록 인공 지능을 새로운 친구로 인식한다. '직접 관람'과 '1열 관람'에 열광하는 세대와 달리 이들은 좋아하는 가수의 공연을 직접 관람하지 못하더라도 가상의 플랫폼에서 내 아바타가 좋아하는 가수의 아바타를 만나 공연을 보고 사인을 받는 것만으로 만족감을 느낀다. 경영자는 인공 지능을 스마트한 노동자로 바라본다. 게임 안에서 발전된 기술을 통해 사람이 아닌 인공 지능이 현실 세계의 노동을 대신하게 되면 저렴한 비용으로 양질의 노동력을 이용할 수 있기 때문이다. 반면 노동자들은 인공 지능을 경쟁자로 인식한다. 내 일자리를 인공 지능에 빼앗길까 봐 두려운 것이다. 그러나 두려워한다고 해서 거대한 흐름이 바뀌는 건 아니다. 노동 시장에서 도태될 것을 걱정하기보다 인공 지능이 대체할 수 없는 분야에서 능력을 발휘할 수 있도록 준비해야 한다. 나는 이 무대가 세 번째 물결인 메타버스가 될 것이라고 확신한다.

메타버스의 핵심 콘텐츠와 플랫폼은 게임에 적용된 개념과 기술을 차용하고 있다. 달라진 환경에 빠르게 적응하며 인공 지능을 친구로 여기는 세대는 게임을 많이 해봤거나 게임적 세계관에 익숙한 이들이다. 해외에서는 게임을 산업으로 인정하고 잘 성장시키고 있지만, 게임에 대한 편견에 가려져 국내에는 아직 메타버스가 무엇인지도 모르는 사람이 많다. 세 번째 기회까지 놓칠까 봐 조바심이 났다. 그래서 『게임 인류』를 통해 지난 10여 년의 변화와 가까운 미래에 다가올 변화에 대해 얘기하고 싶었다. 부디 이 기회를 놓치지 말았으면 좋겠다.

인공 지능을 새로운 친구로 인식하는 세대는 게임을 통해 인공 지능과 메타버스를 경험했고, 거부감이 전혀 없다. 이 거대한 변화에 동참하고 싶지만 어디서부터 시작해야 할지 모르겠다면 가볍게 게임 한판 하며 놀이처럼 접근해 보기를 권한다.

2021년 3월 김상균

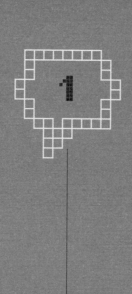

웰컴 투 플레이 월드

‖ 1 ‖
변곡점에 서 있는 사회

제4차 산업 혁명은 경험 경제의 시대

현존하는 세계 최고 부자 일론 머스크Elon Musk는 제4차 산업 혁명의 상
징적인 인물이다. 그는 페이팔PayPal의 전신인 온라인 결제 서비스 회사
엑스콤XCOM, 민간 우주 기업 스페이스XSpace X, 전기 자동차 기업 테슬
라Tesla를 설립했으며, 지금도 유망한 산업이나 중소기업에 적극 투자
하고 있다. 테슬라는 포드Ford가 거리의 마차를 자동차로 바꿔놓은 것
처럼, 내연 기관 차량을 전기차로 바꿔놓는 데 앞장서고 있다. 그리고
그가 최근 가장 큰 공을 들이고 있는 분야인 스페이스X는 낮은 궤도로
지구 위를 비행하며 완전 자율 주행에 필요한 통신 기능과 위성 인터넷
서비스를 제공할 것이다.

4차 산업 혁명의 핵심은 모든 것이 연결되고 보다 지능적인 사회를
구축하는 것이다. 사물 인터넷 기술과 블록체인을 통해 축적된 빅 데이

터를 공유하고, 인공 지능Artificial Intelligence, AI으로 상황을 분석해 시뮬레이션이 가능한 생산 체계를 만드는 것. 제1차 산업 혁명 이후 공장의 대량 생산 방식이 표준화되었다면, 앞으로는 자원이나 프로세스를 표준화시키고 모듈화해 고객이 원하는 시점에 원하는 형태로 자원을 통합해 보다 쉽게 고객 맞춤 제품과 서비스를 만들어내는 시스템이 새로운 표준으로 자리 잡게 될 것이다.

경제 구조는 원재료 중심의 농업에서 상품 중심의 산업으로, 다시 서비스 중심의 경제를 지나 경험 경제 시대로 진입했다. 경험 경제란 소비자가 가격과 품질에 의해 구매를 결정하는 것이 아니라 구매 과정 전반에 걸쳐 경험하는 현상과 그 현상을 중심으로 형성된 경제를 말한다. 고객이 제품을 구매할 때 느끼는 심리적 만족감까지 중시하는 시대다. 이 과정에서 기업은 고객의 경험, 즉 빅 데이터를 적극 활용하게 된다. 팔기만 해선 살아남기 힘든 시대가 됐다는 의미다.

인공 지능을 만나 더욱 개인화되는 서비스

경험 경제에 들어섰지만 기업은 고객에게 기억에 남는 경험을 제공할 준비가 덜 된 듯 보인다. 택배는 코로나19로 인해 비대면 경제가 비약적으로 발전하면서 성장한 산업 중 하나이지만 아직은 대량 물류 시스템이다. 그렇다면 경험 경제에서 택배 서비스는 어떻게 변할까. 좀 더 개인화될 가능성이 크다. 개인이 자신의 스케줄에 맞춰 택배를 받을 장소와 시간을 지정하면 문 앞이 아닌 두 손 위에 배송을 받게 될 것이다. 택배 기사가 개인의 공간에 들어가는 데 한계가 있으니 배송 수단으로 드론이 사용될 것이고, 인공 지능이 접목해 물건과 함께 스토리가 배송될 것이다. 택배를 받은 사람의 반응에 따라 인공 지능은 각기 다른 리액션을 할 것이다.

　모든 것이 연결되고 보다 지능적인 사회를 구축하려면 더 많은 대역폭(많은 양의 데이터를 음영 지역 없이 빠르게 전달하는 것)이 필요하다. 물론 5G 환경에서도 거의 모든 소프트웨어가 지연 없이 작동한다. 그럼에도 5G보다 수십 배 빠른 6G가 필요한 까닭은 개인의 기억에 남을 만한 다양한 경험을 주기 위해서다. VRVirtual Reality, 가상 현실 장비를 착용하고 8K 해상도의 동영상을 볼 때 그래픽인지 실제인지 구분하지 못하는 세상이 가까운 미래에 기다리고 있다. 아마존이 12조 원을 투자해 인공위성 3,236개를 띄우겠다는 카이퍼 프로젝트를 발표하고, 일론 머스크가 스페이스X 설립 후 1만 2,000개의 인공위성을 저궤도에 띄우겠다고 공표한 이유도 바로 6G 때문이다.

게임 안에서 체험하는 미래 사회

산업의 흐름이 더 많은 개인의 경험을 위해 발전하고 있다. 그리고 놀랍게도 개인 맞춤 경험을 가장 잘 제공해 온 영역이 게임이다. 산업 변화의 큰 프레임을 읽고 전략적으로 서비스한 것은 아니었다. 서비스

© roblox.com

게임 안에서 집을 짓고 친구들을 초청해 사교 활동을 하거나
경제 활동을 하며 돈을 버는 <마인크래프트>(위)와 <로블록스>(아래)

상품처럼 게임을 만들어놨는데, 그 안에서 유저들이 적극적으로 활동하며 경험을 만들어내고 있다. 〈로블록스Roblox〉나 〈마인크래프트Minecraft〉와 같은 게임은 나라를 세우고 집을 지어 친구들을 초청하거나 경제 활동을 하며 돈을 번다. 스스로 경험 경제 시대로 넘어간 것이다. '요즘 애들'의 놀이법을 간파한 엔터테인먼트 회사에서는 버추얼빙virtual-being이 포함된 걸 그룹을 론칭했고, 글로벌 증강 현실 아바타 서비스인 '제페토ZEPETO'에 투자하기도 했다.

요즘 애들은 게임을 하면서 모험심을 채우고, 인공 지능과 소통하는 방법을 배운다. 지금의 초등학생이 살아갈 미래의 세상은 지금과는 많이 다를 것이다. 기성세대는 '인공 지능'이라고 하면 네모난 기계 안에서 자동으로 연산하는 장면을 떠올리지만, 게임 속에서 버추얼빙과 대화하고 함께 어울린 아이들은 인공 지능을 새로운 친구로 받아들인다. 인공 지능과 소통하는 방법도 게임을 통해 자연스럽게 익히고 있다. 이러한 경험을 가진 아이들이 산업 현장에서 인공 지능을 디자인한다면 세상이 어떻게 달라질지 상상해 보자. 배워서 익히는 게 아니라 경험을 통해 습득한 지식은 적응력이 높은 법이다.

‖ 2 ‖
특권층의 고급스러운 취미 생활

투탕카멘의 무덤에서 발견된 게임

프랑스 파리 루브르 박물관에는 고대 이집트 왕 투탕카멘의 무덤에서 발견된 게임 〈세네트Senet〉가 전시돼 있다. 격자무늬가 새겨진 직사각형의 판 위에서 말을 움직이는 게임인데, 게임 도구나 방식이 체스를 연상케 한다. 고대 이집트인들은 사람이 죽으면 사후 세계에서 모험을 한다고 생각했다. 위험한 모든 관문을 통과하면 태양신과 함께 배를 타고 천상을 여행하는 신적인 존재가 된다고 믿었던 것. 〈세네트〉에는 이러한 고대 이집트인의 세계관이 담겨 있다.

동물의 뼈를 깎아 만든 〈아스트라 갈리Astra Gali〉는 주사위로 즐기는 보드게임이다. 확률의 개념이 없던 시대, 주사위 같은 것을 던져 나오는 숫자는 곧 신의 뜻이었다. 왕은 신과 소통하는 사람이었고, 게임은 주요 소통 수단 중 하나였다. 게임하는 것 자체가 '신이 이기기 위한

© BrooklynMuseum

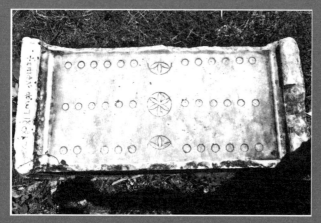

wikimedia © wneuheisel

(위) 고대 이집트 왕이 즐기던 게임 <세네트>
(아래) 터키로 전해진 <세네트>에서 발전된 <백개먼>

운을 주는 것'이라 여겼고, 게임의 승자는 신의 보호를 받고 있는 것이라 믿기도 했다.

　왕의 무덤에서 발견됐으니 기원전 3500년경의 게임은 보석과 함께 묻어줄 정도로 귀한 부장품 중 하나였을 것이고, 람세스 2세의 왕비인 네페르타리 무덤에서 〈세네트〉를 즐기는 왕의 벽화가 발견됐으니 아마도 게임은 왕이 즐기던 고급스러운 취미 생활이었을 것이다. 기술이 발달한 요즘은 기계로 게임 도구를 찍어내지만, 당시에는 내로라하는 예술가들이 장인 정신을 담아 만든 물건이었으니 더없이 귀했을 것이다.

아시아로 전해진 왕의 놀이

〈세네트〉는 기원전 3000년경 로마에 전해졌고, 이후 터키의 전통 보드 게임 〈백개먼Backammon〉으로 발전했다. 〈백개먼〉은 두 사람이 보드 위에서 말을 움직이는 전략 게임으로, 우리나라의 장기와 비슷하다. 〈세네트〉는 이집트에서 로마를 거쳐 천축국(고대 인도)을 통해 중국 남북조에 전해졌다. 두 사람이 주사위를 번갈아 던져서 보드 위의 궁에 들어가는 게임인 〈쌍육雙六〉이 그것이다. 전래 초기에는 왕과 귀족 중심으로 유행했지만, 당나라에 이르러 〈쌍육〉은 평민도 즐길 만큼 대중화했다. 고려 시대에도 〈쌍육〉을 즐겼다는 기록이 있으니, 아마도 우리나라에 전해진 것은 삼국 시대 즈음일 듯하다. 조선 대표 풍속화가 신윤복은 더위를 잊고 〈쌍육〉에 빠진 유생들의 모습을 그린 그림 〈쌍육삼매雙

　　　　　　　　　　　　　특권층의 고급스러운 취미 생활

六三昧)를 남기기도 했다.

　우리나라 역사 기록 속에 등장하는 흥미로운 게임으로 〈남승도〉
와 〈승경도〉가 있다. 〈남승도〉는 한 변의 길이가 1m 넘는 정사각형 말
판에 대여섯 명이 둘러앉아 즐기는 보드게임이다. 조선 시대 관광지 지
명을 외는 게임으로 말판에는 한양을 중심으로 경기도와 충청도, 황해
도 등 전국 팔도가 배치돼 있다. 말판에 적힌 글자가 모두 한자인 것으
로 보아 평민보다는 글을 읽을 줄 아는 양반가에서 즐겼을 것으로 추
측된다. 〈승경도〉는 조선 시대의 수많은 관직 종류와 등급을 익히기 위
해 고안된 학습용 보드게임으로, 조선 시대를 배경으로 하는 드라마에
종종 등장한다. 〈승경도〉에서 파생된 게임으로는 폐비가 된 인현 왕후
가 사가에 머무는 동안 조카들을 교육시키기 위해 고안한 〈규문수지여
행지도〉가 있다. 여자의 최고 지위는 왕의 어머니로, 최악의 지위는 짐
승으로 설계되어 있는 게임이다. 요즘 정서로는 이해할 수 없지만 당시
의 사회를 이해하는 데 도움이 된다.

게임을 한다는 것이 곧 권력이던 시대

게임은 대표적인 여가의 상징으로 돈과 시간이 많은 왕과 귀족의 고급
스러운 취미 생활이었다. 수작업으로 만든 게임 도구를 갖춘다는 것 자
체가 특권이었고, 평민들은 생산성이 제로에 수렴되는 게임을 한가롭
게 즐길 만한 형편이 못 됐다. 평민도 게임을 즐길 수 있을 정도로 대중

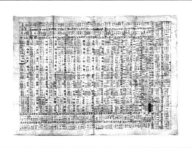

승경도 ⓒ 국립민속박물관

규문수지여행지도 ⓒ 국립중앙박물관

(위) 더위를 잊고 <쌍육>에 빠진 유생들의 모습을 그린 신윤복의 작품 <쌍육삼매>
(가운데) 조선 시대의 수많은 관직 종류와 등급을 익히기 위해 고안된 학습용 보드게임 <승경도>
(아래) 인현 왕후가 사가에 머무는 동안 조카들을 교육시키기 위해 고안한 게임 <규문수지여행지도>

화한 것은 먹고살기가 수월해지면서부터다. 복잡한 게임 도구는 점점 간소해졌고, 기술의 발달로 생산성도 향상되면서 여가 시간이 늘었기 때문이다.

그러나 평민은 산업 혁명을 겪으면서 다시 게임에서 멀어지게 된다. 당시 목표는 오직 하나. 투여한 자원과 시간에 대비해 얼마나 높은 생산성을 달성할 것인가였다. 그 과정에서 인간이 느끼는 스트레스나 마땅히 추구해야 할 즐거움은 완전히 배제되었다. 직장인의 95.1%가 직장 생활 중 탈진을 경험한 적이 있고, 고등학교 수업 시간에 자는 학생이 없는 교실은 불과 7%밖에 되지 않는다고 한다. 탈진한 산업 현장, 잠든 교실 속 우리를 활기차고 즐거운 상태로 이끌어줄 수단으로 게임을 진지하게 고민해 볼 시점이다. 유일하지는 않아도 꽤 효율적일 것이다.

‖ 3 ‖
죄 많은 게임

우선 성장 시대에 하락한 게임의 위상

게임은 동서양의 여러 문화권에서 역사의 주요 장면에 등장한다. 때로는 신의 뜻을 가늠하기 위한 수단이었고, 때로는 새로운 지식을 태동시킨 불쏘시개였으며, 사회생활과 삶의 방향을 일러주는 나침반 역할을 하기도 했다. 역사에 기록된 게임은 인간에게 즐거운 경험과 다양한 배움을 주는 도구이자 성장의 동반자였다. 네덜란드의 역사·문화학자 요한 하위징아Johan Huizinga는 인류의 역사, 문화, 사회에서 놀이와 게임의 중요성을 강조하면서 현생 인류를 놀이하는 인간, 즉 호모 루덴스Homo Ludens라 정의하기도 했다.

그러나 오늘날 게임은 '귀족들의 고급스러운 취미 생활'이라는 초기의 수식은 사라지고, 그 위상은 바닥에 떨어졌다. 산업 혁명 이후 서구 문화권에서 게임을 대하는 태도가 달라졌듯, 한국에서도 급성장 시

33

대를 맞으면서 게임을 쓸모없는 것으로 취급하기 시작했다. 일제 강점기를 벗어나 6.25전쟁을 치르면서 한국의 경제는 거의 무너졌다. 오로지 성장이 목표인 시대로 들어섰고 놀이의 가치가 외면받기 시작했다. 새벽부터 시작한 일은 야근으로 이어졌고, 퇴근 후 스트레스를 풀기 위해 선택한 술은 도수가 높았다. 한두 시간 내에 빨리 취하고 쓰러지듯 잠이 들어야 다음 날 새벽에 일어나 출근할 수 있기 때문이다. 뇌를 속이는 건 어렵지 않다. 오랜 시간 피곤하게 게임하며 즐거움을 찾는 대신 술과 담배만 있으면 '즐거운 상태'라고 뇌를 착각하게 만들 수 있기 때문이다.

즐거움과 쾌락의 혼용이 부른 부정적인 이미지

즐거움과 쾌락에는 분명한 차이가 있다. 쾌락은 말초적인 것이라 굳이 노력하지 않아도 취할 수 있는 감정이다. 그러나 즐거움에는 능동적인 행위가 개입되어야 한다. 알코올은 가만히 누워 주삿바늘로 주입하기만 해도 쾌락을 느낄 수 있지만, 콘텐츠는 TV를 보더라도 내용을 이해해야 즐거운 법이다. 즐거움과 쾌락을 동일시하면서 게임에 부정적인 이미지가 더해졌다. 여유롭게 즐기는 게임은 발전에 대한 욕구가 없는 게으른 사람들, 노력하지 않는 사람들이나 하는 것이라는 시각이 형성된 것도 그즈음부터다. 회사 사장은 직원들이 노는 꼴을 못 보고, 회사에서 시달리다 퇴근한 부모는 아이들이 노는 꼴을 못 보는 악순환이 계

유치원생부터 어른까지 누구나 즐기는 보드게임 <루핑 루이>

속됐다. 이렇게 앞만 보고 달리는 삶이 옳은 것일까.

세상에는 매우 다양한 게임이 존재한다. 순정 만화보다 감성적인 게임도 있고, 일등 스타 강사의 수업보다 효율이 좋은 학습 게임도 있다. 유럽에는 어른들이 술을 마시는 펍에 〈루핑 루이Looping Louie〉라는 보드게임이 구비돼 있다. 비행기가 움직이다가 동전을 떨어뜨리면 걸리는 게임으로, 룰이 단순해 어린아이부터 연세가 지긋한 노년층까지 두루 즐기는 게임이다. 우리는 술 게임이라고 하면 〈주루마불〉이 떠오르는데, 왜 유럽에서는 어린애들이 가지고 놀 법한 유치한 게임을 즐기며 맥주를 마실까. 아마도 문화의 차이일 것이다. 우리나라의 술 게임은 진 사람에게 술을 빨리 마시도록 해 취하게 하는 것이 목적이고, 그들에게 게임은 즐겁게 술을 마시기 위한 유흥 거리라는 점에서 게임을 바라보는 시선이 확연히 갈린다.

자극적인 게임보다 더 자극적인 언론

게임의 단점을 극단적으로 과장한 자극적인 기사도 게임에 부정적인 이미지를 덧씌운다. 몇 해 전 "젊은 아빠가 PC방에서 게임하느라 아이를 방치해 사망에 이르게 했다."는 기사가 있었다. 내용만 보면 게임 중독자의 명백한 아동 학대다. 전 국민이 분노했다. 한참 지난 후 사건의 이면이 드러났다. 젊은 아빠에게 게임은 단순한 유흥 거리가 아니었다. 변변한 직업이 없고 가계도 넉넉하지 않은 상황에서 아빠는 온라인 게임 아이템을 채굴해 판매하는 것으로 생계를 유지해 왔음이 밝혀졌다. 게임으로 분유 값과 기저귀 값을 벌어왔으니, 아빠 입장에서는 PC방에 간 것이 직장에 출근한 것과 같은 개념이다. 게임에 미친 아빠가 아이가 희생되는 것도 모르고 게임만 한 것이 아니라, 게임을 통해 아이를 양육하려 했으나 벌이가 충분하지 않아 벌어진 비극이었다. '게임 아이템 채굴과 판매가 직업이 될 수 있느냐'와 '그럼에도 불구하고 아이를 방치한 것은 잘못'이라는 점에 초점을 맞춘 기사였어야 하지만, 클릭을 유도하는 '섹시한 제목 장사'에 빠진 언론은 진실을 호도했다.

수많은 뉴스 중 다음 날까지 생생하게 기억나는 것은 가장 자극적인 뉴스다. 명확한 인과 관계 파악 없이 살인, 방화, 중독, 자살, 폭발, 폭력, 폭행의 원인을 '게임하던 청년'과 엮으면 게임이 죄를 뒤집어쓰게 된다. 인터넷 뉴스는 더욱 심각하다. 사람들이 자신에게 필요한 기사를 클릭할 것 같지만, 대부분은 보고 난 후 기분이 좋아지는 기사를 클릭한다. 자신의 생각과 일치하는 기사를 보고 자신이 옳았음을 검증받고자 하는 심리다. 당신도 좋아하는 가수나 시청하고 있는 드라마, 좋아하는 스포츠 팀의 기사를 클릭하고 있지 않은가.

새로운 것을 발견하기 위함이 아닌 이미 관심을 가지고 있는 분야의 뉴스를 클릭하는 원리. 언론은 이를 너무도 잘 알고 있다. 앞서 언급한 이유들로 한국 사회의 기성세대는 게임을 달가워하지 않는다. 같은 논조를 유지해야 클릭 수가 높아진다. 게임에 대한 부정적인 뉴스가 범람하는 것은 이 때문이다.

죄 많은 게임

비밀을 발설해도 되는 현대의 대나무 숲

폭력적인 게임을 하면 폭력성이 증가한다는 뉴스는 사실일까. 폭력과 게임의 상호 연관성을 밝히기 위해 '폭력성 짙은 게임이 많이 판매된 해의 강력 범죄 발생률'에 대한 4~5년치의 경찰청 데이터를 살펴본 적이 있다. 특별한 연관성은 찾아내지 못했다. 미국에도 폭력적 게임의 판매율과 청소년 범죄 발생률 사이에는 아무런 상관관계가 없다는 FBI의 통계가 있다. 나는 오히려 개인의 내재된 폭력성이 게임 안에서 소비된다고 생각하는 입장이다. 게임하는 동안 스트레스가 해소돼 실제 사회에서 안 좋은 쪽으로 분출될 수도 있는 나쁜 에너지가 상쇄된다고 말이다.

'임금님 귀는 당나귀 귀'의 임금, 신라 경문 대왕의 이야기를 알 것이다. 경문 대왕은 귀가 나귀처럼 길었다. 평소에는 왕관 속에 귀를 숨겼기에 아무도 몰랐으나 단 한 사람, 왕관을 만드는 복두장幞頭匠은 예외였다. 평생 왕의 비밀을 간직해 온 복두장은 죽음이 임박하자 도림사의 대나무 숲에서 "임금님 귀는 당나귀 귀다!"라고 외친다. 이후 바람이 불면 대나무 숲에서 그 소리가 들려왔는데, 『삼국유사』에 의하면 경문 대왕은 그 소리가 싫어 대나무를 모두 베어버리고 산수유를 심었다고 한다. 복두장에게 임금의 비밀을 발설할 대나무 숲이 필요했듯, 현대인에게도 스트레스를 풀어버릴 대나무 숲이 필요하다. 나는 게임이 그 역할을 하고 있다고 믿는다.

© mazm.me

연해주에서 펼쳐진 독립운동사를 다룬 스토리 게임
<MazM:페치카>

좋은 게임을 찾아 스마트하게 소비

좋은 게임이 민들레 홀씨처럼 널리 퍼져 뿌리내리게 하기 위해서는 먼저 게임을 둘러싼 문제들을 수면 위로 올려놓고 활발한 토론을 진행해야 한다. 게임문화재단에서는 매년 '대한민국 게임대상'을 통해 굿 게임상을 시상한다. 2020년 굿 게임상 수상작은 자라나는씨앗의 〈MazM:페치카〉다. 20세기 초 러시아 연해주에서 펼쳐진 독립운동사를 다룬 최초의 스토리 게임이다. 아이에게 권해 주고 싶을 만큼 좋은 게임이 있다는 사실이 믿기 어렵다면 콘텐츠진흥원에서 운영하는 홈페이지kocca.kr를 둘러보는 것도 괜찮다. 〈MazM:페치카〉를 비롯해 교육용으로 활용해도 좋을 게임들을 무료로 이용할 수 있다.

세상에는 나쁜 게임보다 좋은 게임이 훨씬 많다. 자본력의 한계로 우리가 주로 접하는 지하철 광고나 포털 사이트 배너로 소개하지 못해 널리 알려지지 못했을 뿐이다. 좋은 게임을 찾아 똑똑하게 소비해야 하는 지혜를 발휘해야 한다.

‖ 4 ‖
세상을 바꾼 놀이

놀 때 창의력을 발휘한다

스티브 존슨Steve Johnson은 저서 『원더랜드Wonderland』를 통해 놀이가
바뀌어 온 세상의 역사에 대해 이야기했다. 고대 술집과 중세 부엌에서부
터 카지노와 쇼핑몰에 이르기까지 인간은 자기 자신을 비롯한 사람들
을 즐겁게 하기 위해 노력했고, 그때마다 한계를 뛰어넘는 혁신을 이뤄
냈다. 놀이와 쾌락을 추구하는 것은 인간의 본성이며, 놀이의 과정에서
나오는 창의적인 아이디어가 학문과 산업에 긍정적인 영향을 줬다는
그의 말에 동의한다.

　　인간이 창의성을 갖고 세상을 혁신시켜왔기에 세상이 좋아졌다.
그렇다면 인간은 어떤 환경에서 창의력을 발휘할까. 아이러니하게도
집중해서 일할 때가 아닌 재미있게 놀 때다. 놀면서 사람들은 다양한
놀거리를 만들어낸다. 결과물은 장난감이나 기계가 될 수도 있고, 원리

나 규칙이 될 수도 있다.

확률론의 기초가 된 카드 게임

17세기 프랑스 귀족 앙투안 공보Antoine Gombaud는 게임광이었다. 특히 카드 게임을 좋아했는데, 식사를 거르거나 약속을 잊고 게임에 몰입하곤 했다. 때로는 급한 일정이 생겨 부득이하게 게임을 중단해야 했다. 앙투안 공보는 게임을 플레이하다가 중지한 경우 게임의 결과를 어떻게 계산할 수 있을지 고민했고, 수학자 파스칼에게 점수 분배 문제 Problem of Points에 관한 연구를 의뢰했다. 파스칼은 현대 정수론의 창시자인 수학자 페르마와 서신을 교환하면서 점수 분배 문제를 고민했고 그 과정에서 확률론의 기초를 정립하게 된다.

학생들에게 앙투안 공보의 이야기를 들려주면 한숨 섞인 야유가 나온다. 앙투안 공보와 파스칼 때문에 인생에서 해결해야 할 고통이 하나 늘어난 셈이니 그럴 수 있다. 그러나 확률이 아니었다면 학생들은 강의를 들으러 학교에 오지도 못했을 것이다. 많은 학생이 버스를 타고 학교에 오는데, 버스 회사는 혹시 모를 사고에 대비해 보험을 든다. 보험 제도가 없었다면 보상금을 지불하느라 버스 회사는 한 번의 사고만으로도 부도가 났을 것이다. 감당해야 할 리스크가 너무 크기 때문에 버스뿐만 아니라 거의 모든 대중교통 회사는 보험 제도가 없다면 운영이 불가능하다. 보험 제도의 원리 역시 확률론에 뿌리를 두고 있다.

로이드LLOYD는 확률의 개념을 가장 처음 금융에 적용한 회사다. 대항해 시대에는 나무로 만든 커다란 배에 물건을 가득 싣고 오랜 시간 동안 바다를 건넜다. 그만큼 위험이 컸다. 항해 도중 해적선을 만나거나 풍랑을 만난다는 상상만 해도 끔찍하다. 선박 회사들은 십시일반 돈을 모아 혹시 모를 사고에 대비했다. 이것이 보험의 시초다. 불행을 만난 선박 회사에 모아놓은 돈을 지원해 주는 식이었다. 초기에는 확률의 개념이 명확하지 않았기 때문에 주먹구구식으로 운영했지만, 로이드는 이러한 어설픈 보호 장치를 체계적으로 정리해 안정적인 보험 상품으로 출시했다. 오늘날의 주식이나 선물, 옵션, 금리 등의 개념도 모두 확률로부터 왔다.

놀이의 규칙, 규범의 토대가 되다

로마 시대 콜로세움에서 벌어지던 경기는 굉장히 난폭했다. 빠른 속도로 달리는 말 위에서 실제 무기를 들고 격투를 했다. 피해를 최소화하기 위해서는 규칙이 필요했다. 재미로 시작한 일이지만 승패를 갈라야 하고, 그 과정에서 억울한 일을 만들지 않기 위해서는 규칙이 필수였던 것이다. 시간이 흐를수록 규칙은 복잡하고 세밀해졌다. 이렇게 놀이의 규칙을 짜다가 생각해 낸 것이 지금의 사회를 제어하는 법과 규범이다.

만약 히틀러가 게임을 금지시켰다면 어땠을까. 적어도 법과 제도가 지금처럼 발전하지는 못했을 것이다. 〈프로스트펑크Frostpunk〉는 평

© 11bitstudios.com

가상 세계에서 벌어질지도 모를 일을 미리
고민해 볼 수 있는 게임 <프로스트펑크>

범한 인간이 생존을 위해 어떤 선택을 하게 되는가를 묻는 생존 게임이다. 알 수 없는 이유로 지구에 빙하기가 찾아오고, 극한의 환경에서 유일하게 작동하는 발전기 주위로 사람들이 모여들어 도시를 건설하게 된다. 플레이어는 게임을 진행하는 동안 끊임없이 선택을 해야 하고, 그 선택에 따라 생존 가능성이 달라진다. 선택해야 할 사안은 자못 심각하다. 아이들을 노동 인력으로 투입시킬 것인가, 효율적 도시 운영을 위해 도시 내부에는 과학자만 들일 것인가, 생존을 위해 발전기 외부 사람들을 버릴 것인가 등등. 가상 세계에서 혹시나 벌어질지도 모를 일을 미리 고민해 보는 게임이다. 만약 지구에 빙하기가 찾아온다면 이 게임을 해본 경험이 있는 이들과 그렇지 못한 이들 사이에는 분명 차이가 있을 것이다. 게임을 통해 발생 가능한 상황을 예측하고 함께 고민해 행동 규칙을 만들어본 이들이 재난에 훨씬 잘 대처할 것이다.

마찬가지로 인류 역사에 게임이 없었다면 규칙을 정하고 행동 규범을 정리하는 일에 인류는 지금보다 서툴렀을 것이다. 물론 상상력도 제한됐을 것이다. 게임을 만드는 과정과 플레이하는 과정에서 상상력을 총동원하기때문이다.

‖ 5 ‖
욕망이 실현되는 공간

게임을 지속하게 하는 구조

과도한 일과 무리한 학습을 미덕으로 바라보는 사회에서 언젠가부터 휴식과 놀이는 죄의식의 대상이 됐다. 일이나 공부를 과하게 하는 것은 괜찮은데, 왜 휴식과 놀이가 과하면 문제가 되는 걸까. 적잖은 이들이 게임을 '애들이 공부하기 싫어서 하는 것'이라고 정의한다. 여기에는 몇 가지 가치 판단이 담겨 있다. 공부의 대척점에 있는 쓸모없는 것, 애들이나 즐기는 하류 문화. 그 심리의 아래에는 내가 모르는 것이라는 진실도 담겨 있다. 자신이 모르는 것에 두려움을 느끼고, 두려움의 대상을 배척하는 것은 인간의 본능이다. 어른이 되어서도 게임을 하는 사람들을 게으르고 나태하게 바라보는 시선도 적지 않다. 이러한 멸시와 천대 속에서도 게임을 하는 이유는 간단하다. 게임은 욕망이 실현되는 공간이기 때문이다.

게임마다 공통적인 구조가 있다. 게임에 진입하면 미션이 주어지고, 미션을 수행하고 나면 긍정적인 피드백이 따라온다. 피드백을 모으다 보면 점수가 오르거나 게임 머니가 쌓이는 등 리워드가 따라온다. 레벨이 높아지거나 아이템을 구입해 캐릭터를 성장시키다 보면 게임 내에서 순위가 향상된다. 더 높은 레벨과 더 좋은 아이템을 획득한 후에는 더 많은 피드백과 리워드를 받기 위해 새로운 미션을 찾아간다. 이러한 '미션-피드백-리워드'의 삼각 구조는 거의 모든 게임의 기초가 된다. 만약 아이들이 하라는 공부는 안 하고 게임에 빠진 것 같아 걱정이라면 게임의 '미션-피드백-리워드' 구조를 자세히 살펴볼 필요가 있다.

내 마음대로 선택할 수 있는 미션

게임은 플레이어에게 미션을 줄 때 여러 가지 선택지를 제공한다. 난이도에 따라 '이지 모드'와 '하드 모드'를 선택할 수 있고, 반드시 특정 단계의 미션을 수행해야 다음 단계로 가는 길이 열리는 구조도 아니다. 게임에서 의무적으로 해야 하는 것은 시작 전 조작법을 익히는 튜토리얼 정도밖에 없다. 자동차 시뮬레이션 게임을 예로 들어보자. 처음에는 매우 쉬운 미션을 주고 핸들과 브레이크, 액셀러레이터 등의 조작법을 자연스럽게 익히도록 유도한다. 게임 맵은 산과 바다, 도시 등 다양한 길을 제시한다. 산길은 거칠고 구불구불해 운전이 어렵지만 미션을 수행하고 나면 실력이 늘고, 바닷길은 평탄하고 경치가 좋아 운전하기 쉽

욕망이 실현되는 공간

지만 미션을 수행한 후에도 실력은 조금 밖에 향상되지 않는 식이다.

공부는 다르다. 선택지가 거의 없다. 쉽다고 해서 국어만 공부하고 어려운 수학을 포기해서는 안 된다. 게다가 반드시 첫 번째 미션을 수행해야 두 번째 미션으로 넘어갈 수 있다. 모든 과목의 모든 챕터에서 주어진 미션을 모두 수행해야 한다. 어려운 과목이나 어려운 챕터를 그냥 넘긴다면 그것 때문에 좋은 성적을 거둘 수 없다. 이것이 게임과 공부가 다른 결정적인 구조다. 공부에는 미션 선택지가 없다.

즉각적인 응원의 메시지 같은 피드백

피드백을 주는 방식도 다르다. 다시 자동차 시뮬레이션 게임 중이라고 가정해 보자. 운전 중 벽에 부딪칠 것 같으면 위험을 알리는 그래픽이 화면 가득 나타나고, 안타까운 목소리로 핸들을 돌리라고 일러주며 위기를 벗어날 방법을 알려준다. 어려운 코스를 부드럽게 잘 지나갈 경우에는 "퍼펙트", "운전 실력이 정말 좋군요."와 같은 기분 좋은 피드백이 즉각적으로 나온다. 동시에 화면 한쪽에 있는 점수판의 숫자도 빠르게 올라간다. 게임 속 모든 피드백은 즉각적이고, 내 편에 서서 나를 응원하는 메시지로 읽힌다. 부정적인 피드백에도 애정이 담겨 있다는 착각이 들 정도다.

공부는 부정적인 피드백이 많다. 수학 시험 성적표를 받으면 성적이 아주 낮은 몇몇을 제외하고 대부분의 학생은 맞힌 문제가 아닌 틀린

문제의 개수를 센다. 25문제 중 5개를 틀렸다면 4점짜리 문제 5개를 틀렸으니 100점에서 20점을 빼 점수를 계산한다. 선생님과 학생 사이도 비슷하다. 시험 결과를 놓고 대부분의 선생님은 학생이 잘한 것을 칭찬하기보다 부족하거나 잘못한 것을 짚어주는 데 초점을 맞춘다. 만점이 아닌 이상 학생은 부정적인 피드백을 받게 된다. 초등학생 때부터 12년 동안 영어 교육을 받고도 외국인을 만나면 위축되는 것도 같은 원리다. 만점짜리 영어를 구사해야 한다는 강박이 작용한다. 사실 외국인들은 우리가 시제를 어떻게 사용하든, to 부정사나 동명사를 잘못 사용하든 의사소통만 된다면 개의치 않는다. 완벽해야 한다는 압박감은 공부의 피드백 방식이 가져온 강박 중 하나다.

즉각적이고 긍정적인 리워드

요즘 중·고등학생들에게 "왜 공부를 하느냐?"고 물으면 대다수가 "시켜서 한다."고 답한다. "그 외에 다른 이유가 있느냐?"고 물으면 "좋은 대학 가려고" 내지는 "좋은 직업 가지려고"라고 답한다. 목표를 너무 먼 미래에 두고 있다. 그들이 '좋은 직업'을 갖는 시기는 적어도 5~10년 후다. 학습 과정에서 부정적인 피드백을 받아 공부할 때 참고하는데, 리워드는 너무 먼 미래에 있으니 공부가 재미있을 수 없다. 게다가 리워드는 합격 아니면 불합격이라는 아주 극단적인 방식으로 주어진다. 십 년이 넘도록 놀고 싶은 것 참고, 졸린 것 참아가면서 공부했는데 목표했던 좋은 대학에 가지 못하면 칭찬을 해주는 이가 없으니 다음 미션을 수행할 의미가 사라지는 게 당연하다. 공부하는 도중에도 마찬가지다. 피드백은 부정적이고 리워드는 잘 보이지도 않는 곳에 있으니 다음 미션을 해결하고픈 욕구가 떨어질 수밖에 없다.

놀랍게도 "아이가 공부를 잘하느냐?" 물었을 때 "그렇다."고 답하는 부모는 매우 드물다. 잘한다고 칭찬하는 순간 긴장감이 풀어지면서 열심히 하지 않을까 두려워 칭찬을 최대한 아끼기 때문이다. 8등을 하다가 5등을 해도 1등을 할 때까지 "아직 부족하다."고 한다. 의도가 나쁜 것은 아니지만 문제가 전혀 없는 것도 아니다. 사람이 더 많은 능력을 발휘하는 것은 자신의 노력에 대해 인정을 받았을 때라는 것을 잊지 말자. 아이의 입장에서는 평소보다 많이 노력해 성적이 조금이라도 올랐다면 칭찬을 듣고 싶다. "지난번보다 많이 공부한 거 알고 있다.", "노력은 결코 헛되지 않다.", "노력에 비해 결과가 아쉽더라도 앞으로의 성적에 반드시 도움이 될 거야." 같은 말을 해줘야 한다. 결과가 아닌 과정을 칭찬하는 것은 매우 중요하다. 물론 과정을 칭찬하려면 아이에게 관심이 많아야 한다.

칭찬이 아이를 춤추게 한다

관심을 갖고 지켜보면서 결과가 아닌 과정을 칭찬하는 것을 교육학에서는 '마이크로 피드백'이라고 한다. 많은 수의 학생에게 마이크로 피드백을 공평하게 할 수 있는 방법을 고민하면서 만들어진 교사용 프로그램이 있다. 일종의 디지털 출석부인데, 화면에는 게임 플레이어처럼 학생들의 아바타와 이름이 적혀 있고, 피드백 횟수가 자동으로 카운트된다. 평소 수업에 소극적이던 학생이 적극적으로 참여하면 교사가 칭찬을 해주고, 피드백 점수가 올라가는 방식이다. 점수를 클릭하면 언제 어떤 상황에서 칭찬을 받았는지도 확인할 수 있다. 즉각적인 피드백과 리워드를 주는 게임의 구조를 차용한 프로그램이다. 이 시스템은 미국에서 개발돼 초등학교에 처음 적용됐고, 적용 범위를 확대해 요즘은 대학에서도 사용한다. 나는 〈클래스123class123.ac〉을 주로 사용하는데, 동료 교수들에게도 강력하게 추천하고 있다. 학생들도 앱을 다운로드하면 자신의 점수를 확인할 수 있다. 디지털 출석부가 완벽한 것은 아니다. 모두가 보는 화면에 피드백이 숫자로 표현되기 때문에 잘못 사용하면 경쟁을 심화시키기도 한다.

〈클래스123〉 내에는 같은 반의 학생들이 공동으로 칭찬 수를 모으는 기능도 있다. 교사 버전, 학생 버전, 학부모 버전이 있어 교사-학생-학부모를 연결해 주기도 한다. 학생이 칭찬을 받을 때마다 부모의 앱에 칭찬 알람이 가는 방식이다. 이를 토대로 부모는 아이가 학교를 마치고 돌아왔을 때 공통의 관심사로 대화를 나눌 수 있다. 이를테면 학교에서 어떤 질문을 했기에 '멋진 질문입니다.'라는 칭찬 포인트를 받았는지 물어보면서 대화를 이어 나가는 것. 앱 내에는 집중도가 떨어졌을 때 주어지는 부정적인 피드백도 있지만, 사용을 자제하는 것이 좋다. 칭찬은 두 번 받으면 기쁨이 배가되지만, 꾸중을 두 번 들으면 공부

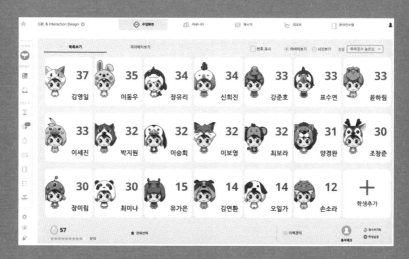

© 구글플레이

아바타와 피드백, 리워드 등 게임의 특징을 차용한 교육 프로그램
<클래스123>

가 더 싫어질 수도 있으니 말이다. 물론 대학에서 학부모들에게 〈클래스123〉 사용을 권할 일은 없지만, 부모님과 떨어져 사는 학생들이 재미 삼아 앱을 설치해 드리는 경우는 있다.

부모 세대는 공부를 잘한다는 칭찬을 아끼던 환경에서 자랐다. 자신의 경험에 비춰 아이들을 대하다 보니 긍정의 피드백으로 리워드를 주기보다 부정의 피드백으로 압박해 더 많은 미션을 수행하도록 강요하는 경우가 많다. 만약 아이가 공부에 흥미를 느끼지 못하고 게임만 하려고 한다면, 애꿎은 게임만 탓하지 말고 자신의 교육 방식을 돌아볼 필요가 있다. 마이크로 피드백 툴은 게임을 지속하게 하는 미션-피드백-리워드 구조를 가지고 있다. 이를 일상에서 잘 활용하면 아이가 게임하듯 공부에 재미를 붙이게 할 수도 있을 것이다.

‖ 6 ‖
어른들의 원더랜드도 게임 안에 있다

게임방은 진화된 현대판 동굴

인터넷 커뮤니티에는 '유부남이 플레이스테이션 갖는 법'이나 '유부남이 게임방 만드는 방법'이 전설처럼 떠다닌다. 방법은 이런 식이다. 양해보다 용서가 빠르니 일단 게임기를 지르고, 작은 방으로 모신 다음 그 방의 물건들을 하나씩 밖으로 빼라는 것. 갖은 핍박과 멸시를 당하면서 왜 사람들은, 특히 남자들은 성인이 된 후에도 게임을 끊지 못하는 것일까. 본능과 관계가 있다.

원시 시대부터 남자들은 생계를 위해 거친 사냥터를 누볐고, 사냥이 끝나면 집으로 돌아와 동굴 안에서 쉬곤 했다. 충분히 쉰 다음에는 동굴 안에서 동물의 가죽을 뒤집어쓰고 아이들과 역할 놀이를 하며 사냥하는 법을 가르쳤다. 이러한 원시인의 생활상은 동굴 벽화로도 남아 있다. 왜 남자들이 성인이 되어서도 게임에 집착하는지 궁금하다면 '사냥', '동굴', '놀이'에 주목할 필요가 있다. 동굴은 외부와 단절되는, 일종의 '매직 서클'이다. 놀이는 언제나 적의 위협이 없는 안전한 매직 서클 내에서 이뤄졌고, 매직 서클에서는 현실 세계와는 다른 놀이의 규칙이 적용됐다. 그 자체로 어떠한 의미도 없는 윷가락이 윷놀이라는 매직 서클 안에서는 게임이 정한 의미를 갖게 되는 것과 마찬가지다. 이러한 매직 서클은 현실 세계와 분리되면서도 현실로부터 안전해야 하기 때문에 동굴의 가장 안쪽에 만들어지곤 했다. 이것이 '동굴 이론'이다. 나만의 자동차나 나만의 게임방을 갖고 싶어 하는 욕구는 동굴 이론의 현대식 패치라고 보면 된다.

지금은 원시 시대와 달리 남자와 여자가 공동으로 일하고 육아와 가사를 분담하며, 주거 형태는 부부의 방과 자녀의 방이 있지만 어지간히 넓은 집이 아니고는 엄마 방이나 아빠 방이 따로 있는 경우는 드물다. 이런 환경에서도 나만의 동굴을 만들고자 하는 욕구는 여자보다 남자가 더 강한 편인데, 원시 시대의 경험이 본능으로 남아 있기 때문일 것이다.

행복한 인간의 조건, 탐험 - 소통 - 성취

게임의 기본 구조인 미션-피드백-리워드는 성인에게도 동일하게 작용한다. 피드백과 리워드 방식에는 약간의 차이가 있다. 뇌 과학적 측면에서 인간의 뇌는 지배-자극-균형을 갈망하지만, 스토리텔링 측면에서는 탐험-소통-성취의 과정을 더 매력적으로 느낀다. 인생이 하나의 스토리를 완성시켜 나가는 과정이라고 가정할 때, 사람들은 인생이란 여정에 새로운 무언가가 등장하기를 갈망한다. 새로운 것을 발견하는 것이 곧 탐험이다. 인생 이야기를 함께 만들어갈 친구도 필요하다. 사람들을 만나 소통하는 과정이 필요한 이유다. 새로운 것을 발견하고 타인과 소통하면서 인간은 성장을 경험하게 된다. 능력이든 사회적 인정이든 이러한 과정에서 성취감을 느낀다.

　탐험-소통-성취의 과정은 인간이 인생을 살면서 가장 필요로 하는 3가지 요소다. 사회생활을 하면서 세 가지를 모두 충족시킬 수 있다면 좋으련만, 많은 이들이 실생활에서 결핍을 느낀다. 예를 들어 나는 스포츠를 탐험하면서 누군가와 소통하고 싶은데, 회사에 가면 상사는 자신이 좋아하는 것을 탐험하라고 강요한다. 그 스트레스가 쌓이면 퇴근 후 집에 돌아왔을 때 동굴을 찾게 되고, 그곳에서 자신이 진짜로 원하는 탐험-소통-성취의 과정을 모두 이루고 싶어진다.

사회적 인정과 소속감이 곧 어른들의 성취감

탐험-소통-성취의 과정에서 어른에게 가장 심각하게 결여된 요소는 '성취'다. 학생이 시험 결과를 두고 부정적인 피드백을 주로 받듯이 어른들도 회사에서 부정적인 피드백을 더 많이 받는다. 보고서를 제출하면 잘한 부분을 칭찬하기보다 잘못한 부분을 수정하라는 반응이 훨씬 많다. 평가 주기도 지나치게 길다. 보통 분기에 한 번씩 평가를 하는 회사가 많은데, 평가를 기다리는 동안 사람들은 과연 자신이 잘하고 있는 건지 궁금해진다. 불가능한 예측은 때때로 불안으로 나타난다. 내가 앞으로 가는지 뒤로 가는지도 알 수 없다. 이러한 불안이 게임하는 것으로 해소된다면 그나마 다행이다. 최근에는 SNS에 불안 섞인 불만을 여과 없이 드러내 기업의 리스크가 되는 경우도 많다.

회사에서는 이를 방지하고자 자체 플랫폼을 만들어 운영한다. 그러나 안으로 닫혀 있는 커뮤니티에 솔직하게 글을 쓰는 이는 드물다. 사내 인트라넷은 익명을 보장하더라도 혹시 모를 사찰에 대비해 이용자 스스로 검열을 한다. 솔직한 생각을 적는 경우는 매우 드물다. 직장인들을 대상으로 강의를 하면서 물은 적이 있다. "개인 SNS는 그리도 활발하게 운영하면서 왜 회사 내부에서 제공하는 플랫폼을 적극 활용하지 않느냐?"고. 직장인들이 되물었다. "대체 무슨 생각으로 나의 상사는 나의 개인 SNS에 친구 신청을 하느냐?"고. 질문이 틀렸다. SNS에 사람들이 글을 쓰는 이유를 먼저 생각해 봐야 한다. 회사에서 제공한 플랫폼에는 같은 글을 써도 반응이 별로 없는 데 반해 SNS에서는 '좋아요' 버튼을 누르거나 댓글로 마음을 표시하는 경우가 훨씬 많다. '좋아요'와 댓글 숫자를 보면서 사람들은 '내가 누군가에게 도움이 됐다.'는 성취감을 느끼게 된다.

기업이 크게 오해하고 있는 부분이 있다. 직장에서의 성취가 반드시 직급이나 급여로 국한되는 것은 아니다. 사람들이 진정으로 필요로 하는 것은 사회적 인정과 소속감이다. 이것도 성취감의 영역에 속한다.

국내 메이저 그룹들의 사내 커뮤니티 플랫폼들의 디자인 작업을 진행한 적이 있다. 대부분의 기업 플랫폼이 그렇듯 사용자 참여를 활성화하기 위해 피자와 커피 쿠폰을 남발하고 있었다. 나는 가장 먼저 쿠폰부터 걷어낼 것을 요청했다. 연봉 1억 원이 넘는 임원들이 커피 쿠폰 몇 장을 준다고 해서 글을 쓰고 '좋아요'를 누르겠는가. 사내 커뮤니티 플랫폼을 활성화하기 위해서는 그 안에서 개인이 원하는 사회적인 인정 욕구를 충족시켜 주는 것이 훨씬 중요하다.

결핍이 어른을 게임으로 이끈다

소위 '요즘 애들'이라 불리는 1990년대생은 이직할 마음이 없어도 끊임없이 이력서를 수정해 구인하는 회사에 서류를 접수한다고 한다. 서류 합격 통보를 받으면 쾌감을 느끼는데, 그것이 곧 그들의 성취감이 된다. 분기로 진행되는 평가의 주기는 너무 길고, 자신의 위치를 가늠할 기준이 미약한 데다 상사는 칭찬에 박하기 때문에 보다 객관적인 시선으로 자신을 평가해 줄 바깥으로 시선을 돌리는 것이다. 슬픈 현실이다.

기업 경영진이라면 내부에서 칭찬과 보상이 제대로 이뤄지고 있는지를 면밀히 검토해 보길 바란다. 기업은 신입 사원을 채용할 때 임원이 될 때까지 오래 일해 주기를 바랄 것이다. 그러나 신입 사원에서 임원이 되기까지의 구체적인 경로를 제시해 주는 기업은 드물다. 사원-대리-과장-차장-부장처럼 직급이 높아지는 과정을 의미하는 게 아니

어른들의 원더랜드도 게임 안에 있다

다. 각 직급별로 개인이 회사 내에서 어떤 경험을 하고 어떤 성취를 해야 어떤 사람으로 성장할 수 있는지를 상사가 제시할 수 있어야 한다. 새로운 고객 경험을 제공해야 한다는 이유로 매 순간 혁신을 고민하면서, 가까이에 있는 직원에게 직장에서 어떤 경험을 줘야 하는지 고민하는 회사는 극히 드문 것이 현실이다. 기업은 구성원들이 원하는 것을 알아야 그에 맞는 칭찬을 하고 성취감을 줄 수 있다.

어른들이 '원더랜드'를 찾아 게임으로 진입하는 이유도 이러한 결핍에서 원인을 찾을 수 있다. 직장 업무는 탐험-소통-성취가 있어도 대부분 스스로 선택하는 것이 아니라 조직에서 주어지는 것들이다. '의무'가 더해지면 미션에 온전히 공감해 '나의 미션'으로 받아들이는 것이 쉽지 않다. 시키니까 해야 하고, 그래야 월급을 받을 수 있으니 어쩔 수 없이 하는 경우가 많다. 반면 게임 속 원더랜드의 모든 탐험-소통-성취는 성격이 조금 다르다. 미션을 선택할 자유가 있고, 그 과정에서 공감이 더해지며, 내 미션이라는 소유감도 있다.

‖ 7 ‖
게임 중독이 질병이라면

당신은 게임 중독이므로 군 면제 대상입니다

인간은 모든 것에 중독될 수 있다. 게임도 마찬가지다. 다만 정신 질환으로 봐야 하는가에 대해서는 이견이 있다. 모든 행위 중독을 병으로 규정해 치료 대상으로 삼지는 않기 때문이다. 2025년까지는 한국 표준 질병 사인 분류KCD에 적용되지 않지만, 지난 2018년 WHO의 ICD-11 개정을 통해 게임 중독이 질병 목록에 추가됐다. 질환에 대한 병명은 '게이밍 디스오더gaming disorder' 혹은 '디지털 게이밍 디스오더digital gaming disorder', 말 그대로 '게임 이용 장애'다. 재밌는 건 이 질환이 디지털 게임과 비디오 게임에 국한된다는 점이다. 보드게임은 '디스오더' 가 없다. 국가마다 ICD-11을 바라보는 시각차가 있는데, 한국은 선제적으로 수용하려는 국가 중 하나다. 유럽과 미국은 신중한 편이다. 질병 코드로 지정해 질병으로 규정되고 나면 부작용이 너무 크기 때문이다. 이를 두고 우리나라는 문화체육관광부와 보건복지부 사이에 팽팽한 의견 대립이 있다. 문화체육관광부는 반대, 보건복지부는 찬성하는 입장이다.

비디오 게임 중독이 질병 코드로 지정됐을 때 사회적으로 어떤 현상이 발생할지 예측해 볼 필요가 있다. 질병 코드로 지정되는 순간 게임 중독은 정신과 질환이 된다. 정신과 약물 치료와 상담 및 행동 치료가 이뤄질 것이며, 심각한 경우에는 입원 치료해야 한다. 그렇다면 이 질환의 주요 대상 연령은 어떻게 될까. 아마도 성인보다 청소년이 훨씬 많을 것이다. 중독 판정을 위해 부모가 병원에 데려간다고 가정한다면 초등학생이 가장 많고 중학생, 고등학생 순이 될 것이다.

만약 아이들이 게임 중독으로 인한 정신 질환자가 된다면 사회에 어떤 문제가 생길까. 자칫 잘못하면 낙인이 찍힐 수도 있다. 진료 내역은 개인 정보 보호법에 의거해 엄격하게 비밀로 유지되어야 하지만, 간혹 새어 나가기라도 한다면 아이의 학교생활은 무사할까. 경미한 중독이었다 하더라도 치료를 받은 기록이 있다면 낙인이 찍혀 지속적으로 사회에서 배제되고 도태되는 과정을 겪을 수도 있다. 이미 사회에 진출한 성인도 완치 판정을 받지 못하면 불이익을 당할 수 있다. 국가도 큰 문제에 직면하게 될 것이다.

현행법대로라면 우울증, 공황 장애 진단을 받을 경우 증상의 경중에 따라 군대가 면제된다. 게임 중독자는 어떻게 해야 할까. 다른 직군도 마찬가지다. 직장인은 게임 중독으로 진단서를 받아 병가를 내거나 휴직을 할 수도 있다. 상상이 되지 않는다면 '게임 중독' 자리에 '알코

올 중독'을 넣어 보면 쉽게 이해될 것이다. 결코 가벼운 문제가 아니다.

모호한 게임 중독의 기준

게임 중독은 글로벌한 이슈지만, 외국의 경우 ICD-11에 대해 우리나라와 관점의 차이가 있다. 문제라고 단정 짓기보다 문제가 될 수도 있으니 지켜봐야 한다는 입장이다. 미국 플로리다 스태트슨 대학교Stetson University의 크리스토퍼 퍼거슨Christopher Ferguson 교수는 게임 중독 질병 코드 지정의 모호한 기준을 핫소스 중독에 비유하기도 했다. 누군가 피자에 핫소스를 과하게 뿌리면 소비량을 측정해 핫소스 중독으로 분류하고 정신 병원에 보내야 하느냐는 것이다. 비디오 게임을 몇 시간 이상 지속해야 중독이라 할 수 있는지, 장르에 따라 기준을 나눌 것인지, 중독 때문에 어떤 문제가 발생하는지 등 기준이 매우 모호하다.

　게임을 바라보는 시각 자체가 외국은 우리와 조금 다르다. 우리나라는 여가를 죄악시하고, 여가 중에서도 빈둥대는 것처럼 보이는 게임을 천대하는 경향이 있다. 우아하게 지식을 쌓거나 운동을 하면서 건강을 챙기는 것이 더 나은 여가 활동이라고 여긴다. 이러한 시선이 ICD-11 지정에 대한 견해 차이로 나타난 것 같다.

　사람은 나이가 들수록 새로운 것에 대한 수용성이 떨어진다. 게임을 죄악시하던 시대에 모범생으로 살아온 기성세대에게 게임은 자신이 알지 못하는 새로운 세계이자 수용하기 싫은 가치다. 지금까지 내가 A

라는 세계에 만족하고 살아왔는데 갑자기 A보다 더 크고 아름다운 세계 B가 나타난다면, 호기심이 많은 아이들은 다른 세계로 탐험을 나서겠지만 어른들은 인정하기 싫어진다. B라는 세계를 무시하는 방법은 B의 가치가 낮다고 믿어버리는 것이다. 기성세대가 게임을 바라보는 시선이 그렇다.

대한민국 40대 후반의 대학교수인 내게는 "골프 치러 가자."고 하는 이들이 꽤 많다. 그런데 나는 골프가 별로다. 골프장을 오가는 데 시간이 너무 많이 허비되고, 비용도 내 기준으로는 비싼 편이다. 그래서 골프 치자는 이들에게 "나는 게임을 할 생각"이라고 답하곤 한다. 처음에는 대부분이 놀란다. "골프가 낫지, 애들이나 하는 게임을 왜 하느냐?"며 되묻는다. 그 말에는 골프는 사교 모임이고 게임은 유치한 놀이라는 뉘앙스가 담겨 있다. 게임을 하면서 자란 지금의 20대가 내 나이가 되면 이러한 인식에도 변화가 생길까.

게임 중독의 질병 코드 지정을 두고 논의하는 이들이 과연 게임을 얼마나 자주 할지 생각해 본 적이 있다. 평균적으로 최근 3~5년 동안의 여가 시간을 골프와 게임 중 어디에 더 많이 사용했을까. 주말마다 골프장에 가고, 퇴근 후에는 실내 골프 연습장에 다니며, 틈날 때마다 유튜브로 골프 레슨 영상을 본다면 이는 중독일까, 아닐까. 그렇다면 골프 중독을 질병 코드로 지정해야 하는 걸까. 게임 중독에 대한 기준은 여전히 모호하다. 다양한 집단의 의견을 수용해 보다 건강한 논의를 반드시 지속적으로 해야 한다.

‖ 8 ‖
도박과 게임은 한 끗 차이

평생 게임만 하기 vs 게임 빼고 나머지 다 하기

밸런스 게임이 유행이다. '용돈 100만 원 백수 vs 월급 400만 원 직장인', '평생 두통 vs 평생 치통', '회를 케첩에 찍어 먹기 vs 감자튀김을 초장에 찍어 먹기' 등 하나만으로는 욕구를 충족시킬 수 없는 선택지 중 어쩔 수 없이 하나를 고르는 게임이다. '여가 시간에 평생 게임만 하기 vs 여가 시간에 게임 빼고 나머지 다 하기'가 문제라면 어떤 것을 택할까. 재미로 하는 거라면 무엇이든 고르겠지만, 선택이 곧 현실이 된다면 질문 자체가 너무 폭력적이다.

　모든 여가 시간을 게임만 하면서 보내는 것은 아이든 어른이든 문제가 있다. 일정 시간 게임을 했다면 나머지 시간은 가족이나 친구들과 어울려 놀기 위해 노력해야 한다. 자칫 잘못하면 게임 중독으로 이어질 수 있기 때문이다. 중독은 특정 집단에만 찾아오는 증상이 아니다. 한

가지 행위를 오랫동안 많이 하면 그것이 곧 중독이다. 자신이 집중하고 있는 것 외에 아무것도 못 보게 되기 때문에 중독은 위험하다. 처음에는 한두 시간씩 게임하던 시간을 점점 비중을 늘려간다면 그 사람의 우주에는 게임밖에 남지 않게 된다. 게임밖에 없는 개인의 우주는 게임이 사라지고 나면 처참하게 파괴될 것이다. 도박꾼들의 삶이 그렇다. 처음에는 휴가차 들른 카지노에서 게임을 접하지만, 중독이 되고 나면 주말은 물론이고 회사에 거짓말을 하고 휴가를 내서라도 도박장을 찾는다. 그러다 증상이 심각해지면 도박에 올인한다. 거의 모든 중독은 비슷한 수순을 밟는다.

게임의 목적은 즐거움, 도박의 목적은 승리

게임과 도박(겜블링)은 다르다. 게임의 목적은 재미와 즐거움이고, 도박의 목적은 돈과 승리다. 학생들과 간단한 테스트를 한 적이 있다. 우리나라에서 가장 많이 팔린 보드게임인 〈부루마불Blue Marble〉을 할 때 게임 화폐 대신 현금을 나눠주고 진행해 봤다. 현금이 오가자 분위기는 진지하다 못해 살벌해졌다. 도박판과 다를 게 없었다. 반대의 실험도 해봤다. 고스톱을 칠 때 현금이 오가는 대신 팔목 때리기 벌칙을 걸었다. 영화 〈타짜〉 속 분위기는 연출되지 않았다. 매체의 문제가 아니다. 목적에 따라 게임이 되기도, 겜블링이 되기도 한다.

처음에는 순수하게 재미를 위해 게임을 시작했다고 해도 자극적인 요소를 찾아 겜블링으로 변질되는 경우도 있다. 인간이 게임을 통해 얻고자 하는 감정이 있다. 무언가를 체험하고 싶은 경험의 감정이다. 〈스포츠 토토〉를 예로 들어보자. 처음에는 순수한 마음으로 시작한다. 그러다 점점 자극적인 것을 좇는다. 최고의 자극은 누가 뭐래도 돈이다. 돈이 목적인데 〈스포츠 토토〉는 걸 수 있는 돈과 횟수에 제한이 있으니 사설 도박장으로 넘어간다. 불법이라는 것을 알더라도 자극에 취한 상태라면 그 금기가 더 달게 느껴지는 법이다. 돈을 더 벌고 싶은데 제한이 많으니 더 많은 기회가 있는 곳으로 가는 데 거리낌이 없다. 사설 도박장에는 규제가 없는 대신 안전장치 또한 없다.

20가지 짜릿한 게임의 맛

인간은 왜 이렇게 자극적인 것을 좋을까. 인간이 느끼는 20가지 재미의 맛이 있다. 도박은 경쟁이다. 남의 재산을 빼앗아 오는 것으로 20가지 재미의 맛 중 '완성', '성취'와 관계가 있다. 그러나 도박을 하면서 상대방에게 '동료 의식'을 느끼거나 상대방을 성장시킨다는 '양육'의 감정, 새로운 이야기를 통한 '판타지'가 생기지는 않는다.

　게임은 다르다. 〈모여봐요 동물의 숲〉의 경우 서로 과일을 따주면서 '동료 의식'을 느끼고, 나무를 가꾸면서 '양육'의 감정을 느끼기도 한다. 새로운 동물을 보면서 '판타지' 같은 감정을 느끼고, 바닷가에서 '휴식'하면서 스트레스를 풀기도 한다. 경험하려는 감정이 제한된 겜

　　　　　　　　　　　　　　　　도박과 게임은 한 끗 차이

블링과 달리 게임은 다양한 감정을 경험하게 된다. 물론 게임을 만드는 이들이 매출에만 집중해 인간이 느끼는 다양한 재미의 맛 중에 자극적인 맛만 남겨 점점 겜블링이 주는 자극에 가까워지는 게임도 있다.

게임을 통해 사용자가 느낄 수 있는 20가지 경험

1	매혹	시간을 잊고 빠져드는 매력
2	도전	신기술 연마
3	경쟁	vs 다른 게이머, NPC, 자신
4	완성	퀘스트 종료
5	통제	내 힘, 기술로 완전히 제어
6	발견	새로운 장소, 해결책, 물건 발견
7	에로티시즘	이성과의 교제
8	탐험	세상, 환경, 퍼즐을 탐험 & 조사
9	자기표현	자신을 표현, 자신의 것 창조
10	판타지	현실과 다른 이야기, 세상, 캐릭터
11	동료 의식	다른 게이머, NPC와의 친밀감 & 우정
12	양육	다른 게이머, NPC를 돌보고 키우며 느끼는 감정
13	휴식	스트레스 없는 고요한 환경
14	가학	내 힘으로 다른 게이머, NPC를 괴롭히는 상황
15	감각	오감으로 느끼는 즐거움
16	시뮬레이션	현실의 상황을 게임 속에서 재현
17	전복	사회적 역할 & 규칙의 파괴

18	고난	분노, 짜증, 지루함, 스트레스, 실망감
19	공감	다른 게이머, NPC의 행복 & 슬픔을 공유
20	전율	위험한 상황 & 위협의 공포감

* NPC: Non-Player Character, 게임 안에서 플레이어가 직접 조종할 수 없는 캐릭터. 플레이어에게 퀘스트 등 다양한 콘텐츠를 제공하는 도우미 캐릭터다.

종종 "게임을 연구하기 위해 게임을 오래 하다 보면 중독되지 않느냐?"는 질문을 받는다. 내 대답은 한결같이 "아니다."다. 나는 아주 흥미로운 신작 게임이 출시된 직후에는 하루에 서너 시간씩 플레이하기도 하지만, 대부분은 한두 시간 내에 끝난다. 게임을 좋아함에도 왜 플레이하는 시간이 짧은지 나의 게임 습관에 대해 생각해 본 적이 있다. 나는 게임 외에도 하고 싶은 게 많다. 하고 싶은 일을 할 수 있는 환경이기 때문에 나의 다양한 욕구를 굳이 게임으로 다 채울 필요도 없다. 게임으로 성취감을 채울 수 있지만, 다른 취미 생활과 일로 채우는 것이 더 재미있기 때문이다. 욕구 충족, 관심의 대상이 분산되면 하나에만 집착하지는 않게 된다. 만약 중독이 염려된다면 게임이라는 동굴 외에도 채워야 할 동굴을 많이 만들어둘 것을 권한다.

게임은 중독성이 없다고 하는데, 왜 나의 아이와 남편은 게임에서 헤어나지 못하는지 궁금한 이도 있을 것이다. 앞서 말한 것처럼(표 참조) 인간은 게임하는 동안 성취, 판타지, 탐험, 발견, 자기표현과 같은 재미를 느낀다. 도박이 중독성이 강한 이유는 돈과 운을 중심으로 진행되기 때문이다. 그런데 일부 좋지 않은 게임이 자극적인 도박의 특성을

도박과 게임은 한 끗 차이

게임 안에 숨겨놓았다. 사용자를 게임에 더 빠져들게 만드는 고약한 장치다. 교묘히 숨겨놨기 때문에 자기가 중독됐다는 것을 알아차리기도 어렵다. 도박의 성질을 품고 있는 게임은 더 이상 게임이 아니다. 게임을 가장한 도박에 가깝다. 좋은 게임과 게임을 가장한 도박을 구별하는 혜안이 필요하다.

© nintendo.co.kr

<모여봐요 동물의 숲>은 게임하면서 성취, 완성, 동료 의식,
양육, 판타지, 휴식 등 다양한 감정을 경험하게 된다.

게임의 분류

흔히 놀이와 게임을 혼용해서 사용하고 있지만, 학술적으로는 차이가 있다. 대부분의 게임은 승패가 존재하나, 놀이에는 승패가 없다. 소꿉놀이는 엄마가 저녁 먹으라고 부르러 오시면 끝이난다. 반면 게임은 확실한 끝이 있다. 이것이 놀이와 게임의 결정적인 차이다.

게임은 물리적 구성 형태, 진행 방식, 사용되는 도구 등에 따라 스포츠, 보드게임, 비디오 게임, 비즈니스 게임으로 분류할 수 있다. 역사에 가장 먼저 등장한 것은 스포츠이고, 다음으로 보드게임이 등장했다. 그리고 스포츠와 보드게임의 구성 요소가 응용돼 비디오 게임과 비즈니스 게임이 탄생했다. 스포츠는 육상, 구기, 빙상, 사이클, 승마 등 물리적인 움직임이나 조작을 동반하는 운동을 말한다. 보드게임은 말판과 주사위, 말, 모조 화폐 등 다양한 도구를 가지고 정해진 규칙에 따라 테이블 위에서 하는 게임을 말한다. 장기, 체스, 카드 게임 등이 이 영역에 속한다. 비디오 게임은 소프트웨어와 하드웨어를 이용한 게임을 말한다. 비디오 게임, PC 게임, 온라인 게임, 웹 게임, 앱 게임이 모두 비디오 게임에 속한다.

비디오 게임 TV와 연결되는 콘솔형 장치에 게임용 미디어를 넣고 플레이하는 형태의 게임. 엑스박스XBox, 플레이스테이션PlayStation, 위Wii 등이 대표적인 비디오 게임이다.

PC 게임 네트워크 연결 없이 컴퓨터에서 단독으로 즐기는 게임. 경우에 따라서는 키보드를 좌우로 나누는 형태나 턴 방식으로 플레이를 하며, 2인 이상이 참여하기도 한다.

온라인 게임 PC에 게임을 설치하고 인터넷을 통해 게임 서비스를 제공하는 서버에 접속해 진행하는 게임. 온라인 게임의 대표적인 유형으로는 MMORPGMassive Multiplayer Online Role Playing Game: 수십 명 이상의 플레이어가 인터넷을 통해 동시에 같은 가상 공간에서 즐길 수 있는 롤플레잉 게임가 해당된다. 게임 서버를 통해 전 세계의 여러 게이머와 연결되어 동시에 경쟁, 협동하며 게임을 진행한다.

웹 게임 별도의 PC용 게임 프로그램을 설치하지 않고 웹 브라우저를 통해 플레이하는 게임. PC 사양에 큰 영향을 받지 않고 가볍게 즐길 수 있는 장점이 있다. 1990년대 유행했던 텍스트 기반 MUD 게임Multi User Dungeon Game: 통신상에서 여러 명의 사용자가 한꺼번에 즐길 수 있는 게임이 PC 통신용 브라우저 내에서 별도의 설치 없이 작동되었기에 웹 게임에 가까운 구조였다.

앱 게임 스마트폰, 태블릿 등의 휴대용 IT 기기에서 앱 마켓을 통해 다운로드한 게임. 온라인 게임처럼 서버를 경유해 여러 게이머와 연결돼 플레이하는 형태가 있고, 단독으로 플레이하는 게임이 있다. 온라인 게임보다는 복잡성이 낮은 편이다.

게임의 분류

비디오 게임은 게임의 구조 및 진행 방식에 따라 액션 게임Action Game, 어드벤처 게임Adventure Game, 시뮬레이션 게임Simulation Game, 롤플레잉 게임RPG, Role Playing Game, 전략 게임Strategy Game 등으로 분류된다.

액션 게임 게이머의 민첩한 동작에 따라 게임의 승패가 좌우되는 것으로, 격투 게임, 핀볼, 사격 게임 등이 포함된다. 1인칭 시점 슈팅 게임인 <배틀그라운드 Battle Ground>가 액션 게임에 해당된다.

어드벤처 게임 탐험하며 퍼즐을 풀어나가는 형태의 게임이다.

시뮬레이션 게임 실제 상황 또는 허구로 만들어낸 상황을 모의로 재현하는 형태의 게임이다. 게이머가 한정된 자원으로 도시를 건설하고 운영하는 게임인 <심시티SimCity>가 해당된다. 시뮬레이션 게임이 극단적으로 현실을 닮게 되면 엔비디아의 <옴니버스Ominiverse>처럼 현실의 공장을 설계하거나 운전해 보는 목적으로도 사용할 수 있다. 실제로 <심시티>와 <롤러코스터 타이쿤Rollercoaster Tycoon>은 경영학과나 도시공학과에서도 많이 사용한다.

롤플레잉 게임 독창적인 세계관을 가진 게임 속에서 게이머가 스토리에 따라 퀘스트를 수행하고, 능력치를 키우며 성장해 가는 게임이다. <파이널 판타지 Final Fantasy> 시리즈가 대표적인 롤플레잉 게임이다. 롤플레잉 게임 중 <리니지 Lineage> 시리즈나 <월드 오브 워크래프트World of Warcraft> 시리즈처럼 온라인에서 여러 게이머가 함께 즐기는 것을 MMORPG라 부른다.

전략 게임 분석적이고 논리적인 사고에 의해 상대방과의 경쟁에서 우위를 점하는 것을 목표로 하는 게임이다. <스타크래프트StarCraft>가 대표적인 전략 게임이다.

비즈니스 게임 기업의 비즈니스와 관련된 이론, 경험을 학습하기 위해 사용되는 게임으로 비즈니스 시뮬레이션 게임이라고도 한다. 많은 기업에서 경영, 재무, 인적 자원 관리, 조직 행동, 마케팅 등 다양한 활동을 비즈니스 게임을 통해 배운다.

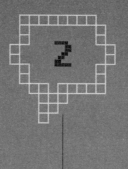

2

앞선 기업은 게임을 연구한다

‖ 1 ‖
미래의 기회는 게임 안에 있다

나이키는 더 이상 소비재 기업이 아니다

지금 나이키를 신발과 잡화류를 판매하는 소비재 기업이라고 말하는
이는 이제 별로 없다. 나이키는 IT 기술을 이용해 다양한 실험을 해왔
고, 어떤 기업보다 빠르게 변화에 대응해 나가고 있다.

  2006년 '나이키 런+'를 출시할 때 나이키는 애플과의 협업으로 아
이팟과 연동되도록 설계했다. 500원짜리 동전만 한 크기의 장치를 나
이키 운동화 깔창 아래에 장착하면 개인의 운동 내용이 저장되고, 아이
팟과 연동시켜 인터넷으로 운동 기록을 확인할 수 있는 시스템이다. 지
금은 손목에 밴드 하나 착용하고 있으면 심박 수부터 수면 습관까지 기
록해 주는 웨어러블 디바이스와 모바일 앱이 많으니 별것 아닌 기술로
느껴지지만, 당시에는 혁신적인 시도였다. 운동선수가 아닌 개인에게
자신의 운동 기록을 관리한다는 경험을 제공한 것이다. 여기서 멈추지

© nike.com

달리기 앱인 '나이키 런 클럽'과
홈 피트니스 앱인 '나이키 트레이닝 클럽'

않고 나이키는 모바일 앱과 웹을 통해 자신의 운동 기록을 전 세계 '나이키 런+' 사용자와 공유할 수 있도록 서비스했다. 좁게는 내가 사는 동네부터 넓게는 지구 반대편에 있는 사용자까지 공유함으로써 고객들에게 함께 게임을 즐기듯 달리기하는 경험을 제공한 것이다. 이전까지 이러한 운동 데이터 관리는 전문 선수들만 사용하던 고급 기능이었다.

이 데이터는 개인의 동의를 얻어 나이키 측에도 보관됐고 향후 제품 개발 및 마케팅에 매우 유용하게 사용됐다. '나이키 런+'를 통해 수집한 데이터는 설문을 통해 수집한 것보다 훨씬 정직했기 때문이다. 몇 년 후 나이키는 팔찌 형태의 '퓨얼 밴드'를 출시했다. 일상생활 패턴을 분석하고 소모되는 칼로리를 측정해 주는 스마트 밴드다. 모든 사람이 달리기를 하는 것은 아닐 터, 사용자 범위를 넓히기 위해 일상의 건강을 기록하는 기능을 더했다. 팔찌 형태의 스마트 밴드를 만드는 기업이 늘어나자 나이키는 또 한 번의 위대한 결단을 내린다. 모든 이가 스마트폰을 가지고 있다는 데에서 착안, 모바일 앱을 제작하고 스마트 밴드 생산을 중단했다. 지금은 당연한 선택처럼 보이지만, 당시에는 굉장히 혁신적인 선택이었다.

정교한 모바일 앱 설계로 승부하는 나이키

초기에는 여러 개의 모바일 앱을 제작했지만, 현재 나이키는 기능을 통폐합해 두 개의 앱만 남겼다. '나이키 런 클럽'과 '나이키 트레이닝 클럽'으로 각각 달리기 앱과 홈 피트니스 앱이다. 일찍이 모바일 앱 시장에 뛰어든 나이키가 내놓은 두 개의 앱은 정교하게 잘 설계됐다. '나이키 트레이닝클럽'의 피트니스 카테고리에 들어가면 도구가 없는 사람과 아령 정도만 가진 사람, 전문적인 기계가 있는 사람 등 개인의 상황과 목적에 맞는 운동 코스를 선택할 수 있다. 내가 만들고 싶은 몸의 상태를 설정할 수도 있고, 목표에 따라 앱 내에서 운동 프로그램을 설계해 제시해 주기도 한다. 세계적으로 유명한 피트니스 강사가 앱 안으로 들어왔고, 자신의 운동 수준에 맞는 강사를 선택해 함께 운동을 할 수도 있다. '나이키 런클럽'은 달린 시간과 거리, 코스 등이 앱에 자동으로 기록된다. 그날의 풍경이 담긴 사진 위에 운동 기록을 적어 SNS에 공유하는 게 유행이 된 지 오래다.

나이키는 여전히 고객의 운동 데이터를 수집해 더 좋은 제품을 만들고, 더 접근성 높은 광고를 제작한다. 만약 서울에 사는 40대 남자를 위한 제품을 출시할 계획이라면 해당 성별과 연령대 고객의 운동과 생활 패턴, 동선 등을 분석해 적절한 운동복을 개발한다. 타깃층에 따라 일상복에 가깝게 디자인하기도 하고, 고기능성 소재를 제외해 가격을 합리적으로 낮추기도 한다. 제품의 홍보 방법도 다르다. 그들이 주로 달리기를 하는 장소와 생활하는 장소 등 타깃층의 동선 안에 광고판을 세운다.

나이키는 IT 기업이 아니었다. 주로 운동화와 운동복을 만드는 전통적인 굴뚝 기업에 가까웠다. 빠르게 IT 기술을 받아들였고, 반전에 가까운 혁신을 통해 디지털화를 이뤄내면서 업계 최고 자리를 지켜냈

미래의 기회는 게임 안에 있다

다. 이는 숫자로 정직하게 나타난다. 나이키가 동전 모양의 '나이키 런
+'를 출시했던 2006년 업계 1위인 나이키와 2위인 아디다스의 시가 총
액은 각각 22조 원과 11조 원 정도로 2배 정도 차이가 있었다. 그러나
2020년 기준으로 나이키는 200조 원, 아디다스는 66조 원 정도로 차이
가 커졌다. 나이키의 성장이 얼마나 놀라운 것인지 보여주는 바로미터
다. 나이키 앱의 진화 과정을 지켜보며 점점 게임적으로 변화하고 있다
고 생각했다. 나의 운동 기록이 앱을 통해 공유되고, 전 세계 사람들과
그룹을 이뤄 운동 챌린지를 하는 등 교류하는 일은 온라인 게임 안에서
사용자들이 오랫동안 해왔던 활동이다.

환경을 생각하는 닛산 자동차의 선택

자동차는 하이테크 산업으로 분류되지만 전자제품과는 거리가 멀다.
기능에 신경을 쓰기 시작한 것은 자동차 내에 컴퓨터 소프트웨어를 적
용하면서부터. 그나마도 연비와 안전이 목적인 경우가 많았다. 닛산 자
동차는 계기판에 나무 모양의 그래픽 게임 〈리프Leaf〉를 삽입했다. 예
전의 〈다마고치〉 게임처럼, 운전하면서 자동차 안에서 나무를 키우는
게임인데 운전자가 연비 절약 운전을 하면 나뭇잎이 초록색으로 바뀌
고 과속을 하거나 급제동을 걸면 나뭇잎이 갈색으로 변하거나 떨어진
다. 운전자의 습관을 연비로 풀이해 계기판에 숫자로 표시해 주는 기능
도 있다. 이게 전부다. 〈리프〉는 어떠한 보상도 주지 않는다. 하지만 신

© timtyson

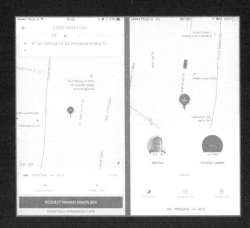

(위) 연비 운전을 하도록 돕는 닛산의 <리프>. 안전운전을 하면 계기판의 나무가 초록색으로 변한다.
(아래) 차량을 호출하면 해당 차량의 위치가 실시간으로 표기되는 <우버>

기하게도 나뭇잎이 갈색으로 변하면 내가 지구를 망치고 있다는 생각이 든다. 이 때문에 나쁜 운전 습관이 교정되는 효과가 있다. 아무런 보상이 주어지지 않는 건 프로그램을 개발한 자동차 회사도 마찬가지다. 운전자가 연비 운전을 한다고 해서 자동차 회사에 상업적인 이득으로 돌아올 리 만무하다. 그럼에도 닛산 자동차가 이러한 시스템을 도입한 이유가 있다. 기업이 상업적 가치를 추구하더라도 환경에 대한 사회적인 책임을 다해야 한다는 생각 때문이다. 아이디어의 시작은 소비자들이 보다 안전하게 생활하길 바라는 마음에서 출발한 것이라고 한다.

5~6년 전 출장 중에 닛산 자동차를 렌트해 며칠 동안 이용하면서 이 과정이 게임의 구조와 닮았다고 생각했다. 게임의 구조가 일상생활에 깊이 들어와 있음을 깨달은 순간이었다. 당시 나는 게임적인 요소들이 현실에 어떻게 적용되고 있는지 살펴보느라 어디를 가든 주변을 두리번거리기 바빴다. 가장 먼저 지하철역 전광판에는 열차의 위치를 알려주는 그래픽이 눈에 띄었다. 지금은 취객이 선로에 빠지는 것을 방지하기 위해 스크린 도어가 설치되면서 사라졌지만, 과거에는 성격 급한 사람들이 고개를 내밀고 열차가 오는지 살펴보는 바람에 사고가 잦았다고 한다. 이를 방지하기 위해 지하철의 위치를 표시해 주는 전광판이 생겼다. 별다른 설명이 없지만 우리는 전광판의 그래픽이 열차의 위치라는 걸 직관적으로 안다. 이미 게임에서 경험해 봤기 때문이다. 외국 여행을 할 때는 우버 택시를 자주 이용한다. 앱을 통해 내가 호출한 차량의 위치와 예상 도착 시간, 이동 경로 등을 실시간으로 보여주는 게 낯선 도시를 여행하는 이에게 묘한 안도감을 준다. 별것 아닌 것처

럼 보이지만 앱으로부터 실시간으로 피드백을 받기 때문에 불안이 낮아지는 것이다. 배달 음식 앱에도 배달 기사의 실시간 위치를 보여주는 기능이 더해졌다. 음식을 주문했을 때 늦게 오는 것보다 어디쯤 오고 있는지 알 수 없을 때 더 큰 스트레스를 느낀다는 것을 캐치했기 때문이다.

명품 브랜드도 게임을 입는다

루이비통Louis Vuitton과 버버리Burberry 같은 명품 브랜드도 게임에 진심이다. 2015년 루이비통은 〈파이널 판타지〉 속 캐릭터인 라이트닝Lightning을 홍보 모델로 선정했다. 〈파이널 판타지〉의 팬인 루이비통 수석 디자이너 니콜라스 게스키에르Nicolas Ghesquiere는 "루이비통 시리즈 4의 진정한 주인공인 라이트닝을 통해 현실과 환상이 하나가 됐다."며 자신의 인스타그램에 해당 영상을 공개했다. 영상 속에서 라이트닝이 입고 나온 의상은 실제 루이비통의 2016년 S/S 시즌 제품이었다.

라이트닝은 이미 2012년에 프라다의 모델로 활약한 바 있다. 〈파이널 판타지〉 시리즈 25주년을 기념해 2012년 프라다의 S/S 시즌 남성 컬렉션 모델로 선정된 것. 라이트닝은 버추얼빙virtual-being이다. 아바타avatar가 현존하는 나의 모습으로 만든 캐릭터라면, 버추얼빙은 완전 새롭게 창조된 가상의 캐릭터를 말한다. 〈파이널 판타지〉 유저들만 알고 있는 캐릭터가 명품 브랜드의 모델이 됐다는 것 자체가 해당 브랜

미래의 기회는 게임 안에 있다

© louisvuitton.com

© prada.com

(위) 2015년 루이비통과 <파이널 판타지> 캐릭터 라이트닝의 협업
(아래) 2012년 <파이널 판타지> 25주년을 기념해 프라다 남성 컬렉션 모델로 나선 캐릭터

드에서 게임 유저들을 잠재 고객으로 인식하고 있으며, 그 고객층이 방대하다는 것을 의미한다.

2019년 루이비통은 〈리그 오브 레전드League of Legends〉와 새로운 캡슐 컬렉션을 발표했다. 처음에는 게임 속 캐릭터인 키아나의 프레스티지 스킨을 선보였고, 이어 실제로 착용이 가능한 기성복 라인과 액세서리를 발표했다. 게임 속에서 저렴하게 명품을 체험해 볼 수 있도록 유도하고, 게임 스토리를 오프라인에 연결해 제품에 적용했다. 게임 세계와 실제 세계는 완전히 분리된 것처럼 보이지만 서로 영향을 주고받고 있다.

미국 마케팅 업체 PMX에이전시가 실시한 명품 시장 분석 자료에 의하면, 5년 뒤에는 명품 소비자의 45%가 MZ세대가 될 것이라고 한다. 명품 브랜드가 가장 두려워하는 부분이다. 명품은 MZ세대가 다가가기에 고가라는 이미지와 노숙하다는 편견이 있다. 이에 명품 브랜드들은 미래의 고객에게 보다 친근하게 다가가기 위한 고민을 해왔다. 미래의 고객들이 즐겨 찾는 곳이라고 해서 떡볶이 가게에 명품 브랜드 광고를 할 수는 없는 법. 브랜드 이미지를 훼손하지 않고 품위를 유지하면서 MZ세대를 만날 수 있는 접점으로 게임을 택했다.

MZ세대를 공략한 선거 운동

2020년 미국 대선을 앞두고 민주당 후보였던 조 바이든 전 부통령은

닌텐도 스위치용 게임 〈모여봐요 동물의 숲〉에서 선거 유세 활동을 펼쳤다. 전통적인 TV 광고 효과가 이전만 못하고, 코로나19로 인해 오프라인 활동에 차질이 생기자 온라인으로 시선을 돌린 것. 그중에서도 정치에 무관심한 MZ세대를 공략하기 위해 게임을 택했다. 〈모여봐요 동물의 숲〉은 가상의 공간인 무인도에서 동물 주민들과 함께 집을 꾸미고 대화하는 커뮤니케이션 게임이다. 처음 바이든 캠프는 유저의 캐릭터에 적용할 수 있는 디자인을 무료로 배포했다. 디자인 QR 코드를 스캔하면 바이든 후보를 지지한다는 것을 알 수 있도록 스킨이 적용되는 것. 정치에 무관심한 MZ세대는 오프라인 연설회에 참가하거나 TV 토론을 보면서 SNS에 지지 선언을 하는 대신 자신의 섬에 바이든의 깃발을 세우고, 티셔츠를 입은 채로 정치적 정체성을 드러냈다. 이는 섬을 방문한 다른 유저들에게도 그대로 노출되기 때문에 홍보 효과가 컸다.

우리는 이미 게임적인 세상에 살고 있다

대부분의 기업은 광고와 마케팅 이벤트를 통해 고객들에게 브랜드를 인식시키고, 브랜드에 관한 특정 감성을 심어준다. 그런데 보통 이런 접근은 한 방향으로 흐르기 때문에 상호 작용이 거의 없다. 광고를 아무리 잘 만들어도 고객은 수동적으로 시청하면 끝이다. 그러나 게임의 특징을 적용한 광고에는 상호 작용성이 존재하고, 이는 고객에게 직접 체험이라는 경험을 제공한다. 인간은 자신의 경험을 오래 기억하고 소

© Joebiden.com

2020년 미국 대선을 앞두고 조 바이든 후보는 정치에 무관심한 MZ세대를
공략하기 위해 <모여봐요 동물의 숲>에서 선거 유세 활동을 펼쳤다.

중하게 생각하며 간직하게 마련인데, 몇몇 브랜드는 이러한 특성을 일찍 발견하고 마케팅에 적용해 왔다.

우리는 이미 게임적인 세상에서 살아가고 있다. 부모들은 자녀들이 하라는 공부는 안 하고 게임만 하는 것 같아 속상하다고 하소연하지만, 나는 아이들이 게임하는 것을 무조건 막는 것이 능사가 아니라고 말해 주고 싶다. 아이들은 부모 세대보다 스마트폰을 잘 조작하고, 새로 나온 가전제품도 부모 세대보다 훨씬 잘 다룬다. 게임 리터러시game literacy는 게임의 문화적 이해를 확장하는 능력을 말한다. 게임이 일상에서 어떤 의미를 갖는지 성찰하는 능력, 게임을 통해 세계와 인간을 이해하는 능력이 게임 리터러시의 핵심이다.

미래의 기회는 게임 안에 있다

게임 세계관을 잘 이해하고, 게임 팬들의 심리를 잘 이해하는 아이는 비슷한 경험을 가진 이들이 무엇을 해야 즐겁고 재미를 느끼는지 직관적으로 알 수 있다. 심지어 어느 시점이 되었을 때 열성 팬들이 떠나는지도 짐작할 수 있기 때문에 그 디테일한 심리 변화를 현업에 적절히 활용할 수도 있다. 나이키가 개인이 운동 내용을 기록하고 데이터를 공유하면 특정 지역의 러너 랭킹을 매겨주는 것, 어떤 보상도 주어지지 않지만 닛산 자동차 계기판을 보며 환경 지킴이가 된 듯 만족감을 느끼게 하는 나무 그래픽은 모두 게임적인 요소가 더해진 결과물이다. 나는 이러한 콘텐츠를 게임에 대해 전혀 모르는 이들이 개발하지는 않았을 거라고 생각한다. 명품 브랜드도 마찬가지다. 게임을 모르는 이들은 내놓을 수 없는 협업의 결과물이다.

해외여행이 자유화되기 전인 30년 전으로 거슬러 올라가보자. 미국 시장에 물건을 판매하는 것이 주요 비즈니스인 회사가 있다고 치자. 미국을 한 번도 안 가본 사람과 미국 거주 경험이 있는 사람 중에 누가 더 일을 잘했을까. 답은 정해져 있다. 다시 현재로 돌아와서 생각해 보자. 가까운 미래에 주 소비 계층이 될 MZ세대에게 맞는 마케팅을 기획하려고 할 때, 엘리트 코스를 밟고 대기업에 취직했으나 게임을 한 번도 해보지 않은 사람과 재미 삼아 게임을 즐겼던 사람 중에 누가 일을 더 잘할까. 게임 세계가 현실과 연결돼 있다는 걸 인정해야 한다. 30년 전에는 분리되어 있던 미국 시장과 한국 시장이 온라인 플랫폼으로 연결돼 있듯이 현실 세계와 게임 세계의 접점도 점점 넓어지고 있다.

흥선 대원군의 쇄국 정책은 조선 고유의 문화와 정체성을 지켰지만, 근대화를 더디게 만들어 조선의 몰락을 앞당겼다는 평가를 받는다. 요즘 아이들은 놀이터가 아닌 게임 안에서 놀고, 기업은 그들이 주 소비층이 될 때를 대비해 게임을 연구한다. 모든 것이 게임에서 시작됐거나 게임에서 파생됐거나 게임과 연결되어 있다. 단호한 쇄국 정책보다 지혜로운 통섭이 필요하다.

‖ 2 ‖
앞선 기업일수록 게임에 투자한다

브랜드의 게임적인 실험, 인스턴트 커넥션

네스카페Nescafe는 2015년 독일 베를린 시내의 한 신호등 앞에 커피머신을 설치했다. 신호를 기다리는 사람이 커피머신의 신호등 버튼을 누르면 반대편 신호등에 있는 사람의 얼굴이 보이고, 상대편에서도 커피머신의 신호등 버튼을 누르면 커피머신에서 커피가 만들어진다. 신호가 바뀌어 횡단보도를 건너는 사람들은 손에 커피 잔을 들고 눈인사를 나누며 지나갔다. 몇몇은 주먹을 부딪치며 하이 파이브를 하기도 했다. 네스카페 인스턴트 커넥션Nescafe Instant Connections 프로젝트를 진행한 하루 동안 318번 커넥션이 되었고, 33번의 하이 파이브, 285번의 인사, 839번의 미소를 볼 수 있었다. 네스카페는 이 프로젝트를 통해 '바쁜 생활 속에서 네스카페 커피로 사람들의 연결 고리를 만들자.'는 메시지를 전달했고, 브랜드에 긍정적인 이미지를 더할 수 있었다.

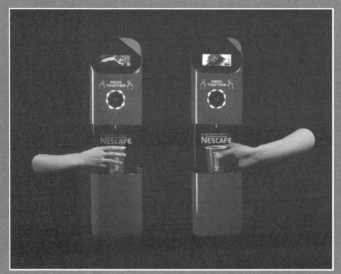

© nescafe.com

바쁜 생활 속에서 네스카페 커피로 사람들의 연결 고리를 만들자는
메시지를 전달한 네스카페의 '인스턴트 커넥션 프로젝트'

ⓒ 듀라셀 캐나다 유튜브 캡쳐

추운 겨울에 몸을 따뜻하게 녹일 수 있는 것은 히터 바람이 아닌
사람들의 손길이라는 메시지를 전달한 듀라셀 캐나다의 캠페인

이 프로젝트를 보면서 굉장히 게임적이라고 생각했다. 신호등에 설치된 커피머신 버튼을 호기심이 많은 누군가는 눌렀고, 조심스러운 사람들은 누르지 않았다. 이는 게임을 대하는 사람들의 태도와 크게 다르지 않다. 그리고 커넥션이 이뤄져 미션을 수행했을 때 낯선 누군가와 눈인사를 나누는 것 역시 게임적인 세계관이다. 네스카페 인스턴트 커넥션 프로젝트에서 미션을 수행한 이들은 평생 네스카페를 잊지 못할 것이다. 짜릿하면서도 인상적인 경험일 테니까.

듀라셀duracell 캐나다도 몬트리올에서 비슷한 이벤트를 진행한 적이 있다. 추운 겨울날 몬트리올 시내에 특별한 버스 정류장을 설치한 것. 버스 정류장에 히터를 설치하고, 정류장 양쪽 끝에 +극과 -극을 표시해 뒀다. 버스를 기다리는 사람들이 손을 잡아 +극과 -극을 연결하면 따뜻한 바람이 나오는 구조. 차가운 겨울에 몸을 따뜻하게 녹일 수 있는 것은 히터 바람이 아닌 사람들의 손길이라는 메시지와 함께 듀라셀은 추위에도 강한 건전지라는 이미지를 각인시킬 수 있었다. 듀라셀은 영리한 방법으로 건전지라는 기능적인 매체에 감동적인 메시지를 더했다. 버스 정류장이라는 커다란 건전지 속에 들어가 플레이어가 되어 미션을 수행하는 사람들, 게임적인 요소가 다분한 이벤트였다.

브랜드가 자사 로고를 각인시키는 방법

펩시pepsi 영국은 런던의 버스 정류장에 투명한 증강 현실 모니터를 설

앞선 기업일수록 게임에 투자한다

증강 현실을 이용해 다이내믹하고 익사이팅한 브랜드라는
이미지를 각인시킨 펩시 영국의 언빌리버블 캠페인

치했다. 버스가 오는 모습을 볼 수 있도록 카메라를 달아 버스를 기다리는 이들의 시선을 한쪽으로 모았다. 그러나 사람들의 시선이 모인 곳에는 증강 현실 모니터가 있었다. 모두가 집중하고 있을 때 갑자기 운석이 떨어지거나 맨홀을 열고 거대한 문어가 튀어나와 행인을 납치하고, 동물원을 탈출한 호랑이가 위협적으로 다가오는 모습을 실감나게 보여줬다. 버스를 기다리던 사람들이 놀라 증강 현실 모니터 뒷면을 살피면 그제야 펩시 로고를 보여준다. 펩시는 다이내믹하고 익사이팅하며 트렌디한 브랜드라는 이미지를 보여주고, 다이내믹하고 익사이팅한 순간을 펩시와 함께 즐기라는 메시지를 담은 광고였다. 해당 영상은 SNS를 통해 공유되며 이슈가 됐다.

그동안 펩시는 경쟁사인 코카콜라를 이기기 위해 두 브랜드의 제품을 마신 뒤 뇌 MRI를 촬영하는 등 펩시를 마신 이들의 행복도가 더 높다는 것을 과학적인 근거를 들어 강조해 왔으나 특별한 효과를 누리지 못했다. 과학적 접근을 접고 정서적으로 접근하면서 가상 현실과 증강 현실 등 게임에서 주로 사용되는 기술을 적용했다.

삼성전자도 해외에서 갤럭시 폰을 처음 출시했을 때 이벤트를 했다. 광고가 끝날 때까지 눈동자를 움직이지 않고 광고에 집중한다면 선물을 주는 이벤트였다. 어려운 미션이 아니니 여러 사람이 도전을 했고, 삼성전자에서는 방해꾼을 고용해 집중하는 것을 방해했다. 제한된 시간 안에 미션을 수행하는 것은 게임 규칙 중 하나인 '타임 어택'이다. 이벤트에는 많은 사람이 모여드는데, 그 많은 이들이 삼성전자의 로고를 오랫동안 집중해서 바라본다는 것은 불가능한 일이다. 경쟁사인 애

앞선 기업일수록 게임에 투자한다

플의 로고는 정확하게 기억하면서 삼성의 로고는 기억하지 못한다는 것에 착안해 설계한 이벤트였다.

일상에서 만나는 게임적 모먼트

고속도로에서 전혀 고속을 낼 수 없는 경우가 있고, 유료 도로임에도 통행량이 너무 많아 무료 도로로 돌아가는 것만 못한 경우도 있다. 인도 방갈로어 지역에는 악명 높은 교통 밀집 지역이 있다. 혼잡 시간에는 통행량이 너무 많아 주차장을 방불케 했다. 정부에서는 이를 방지하기 위해 통행료를 징수했다. 그러나 요금을 아무리 올려도 통행량은 줄지 않았고 혼잡도는 나날이 심해졌다. 2008년부터 2009년 사이 이곳에서 흥미로운 실험이 진행됐다.

도로를 지나는 시간을 '오전 8시 이전', '오전 8시부터 8시 30분 사이', '오전 8시 30분 이후'로 나누고, 해당 시간에 도로를 지날 때마다 차량에 1.5점, 1점, 0점의 포인트를 부여했다. 실험 참가자는 포인트를 쌓아 복권을 구매할 수 있었다. 복권 설계도 재미있게 했다. 포인트가 쌓인 만큼 복권으로 교환해 주는 것이 아니라 당첨 확률이 낮지만 당첨금이 높은 복권, 당첨 확률은 높지만 당첨금은 낮은 복권 등을 만들어 선택하도록 했다. 인도인들은 복권을 굉장히 좋아한다. 고대 산스크리트 대서사시 「마하바라타」에도 복권에 대한 기록이 있을 정도다. 실험 결과 오전 8시 이전 통근 차량, 8시에서 8시 30분 사이 통근 차량의 수가 두 배 가까이 증가했다. 즉 차량 통행이 적었던 이른 아침 시간대의 통행량이 늘어나 교통체증 문제를 어느 정도 개선할 수 있었던 것이다. 이 실험에는 포인트, 가상 경제, 게임의 확률 등이 적용됐다.

공익 캠페인도 흥겹게 바꿔주는 게임

영국에는 의회 의원들이 제멋대로 세금을 탕진하는 것을 잡아내는 게임이 있다. 세비 사용 내역을 스캔해 온라인에 공개한 다음, 불특정 다수가 영수증을 살펴 오류를 잡아내는 것. 예를 들어 부산 출장을 간 날 서울에서 사용한 식사 영수증을 찾아내거나 당일 출장에 숙박비 청구한 영수증을 찾아내는 일은 수많은 인력과 시간이 필요한 일이다. 자료가 워낙 방대한 데다 의회 의원 수도 많기 때문이다. 그래서 생각해 낸 아이디어가 게임처럼 일반 시민에게 데이터를 공개하고 허점을 찾아내는 미션을 주자는 것이었다. 전문 회계사가 아니더라도 꼼꼼하게 체크만 한다면 누구나 충분히 찾아낼 수 있는 내용. 보상금의 액수가 크지 않았음에도 많은 시민은 스스로 탐정이 된 것처럼 이 게임에 뛰어들었다.

러시아에서는 비만 인구가 늘어나자 지하철역 앞에 스쿼트 머신을 설치하고, 일정 횟수 이상 스쿼트를 하면 지하철 티켓을 무료로 주는 이벤트를 했다. 리복은 지하철 플랫폼 양쪽 끝에 센서를 달고, 인터벌 트레이닝을 하듯이 양쪽을 빠르게 오가도록 하는 이벤트를 했다. 제한 시간 내에 성공하면 리복 신발을 주는 이벤트였다. 두 이벤트 모두 생활 속 운동으로 비만을 이겨내길 바라는 메시지가 담겨 있다.

〈트리 플래닛TREE PLANET〉은 몽골 사막에 나무를 심는 게임이다. 게임 안에서 긍정적인 활동을 하면 포인트가 쌓이고 그 포인트를 화폐로 교환해 주는데, 일정 금액 이상이 되면 실제로 몽골에 나무를 심어준다. 게임만 했을 뿐인데 몽골에 내 이름으로 나무가 기부되는 것이다.

인류 유전자에 새겨진 게임 DNA

게임의 특징을 일상에 활용한 더 단순한 예도 있다. 코로나19로 사회적 거리 두기를 실행하면서 버스 정류장에 발바닥 모양의 스티커를 붙여뒀다. 사람은 무의식적으로 규칙을 따르는 습성이 있다. 줄을 서야하는 상황에 발바닥 스티커를 보면 대부분 사람은 그 규칙을 지키려고 노력한다. 아무 의미도 없는 카드가 게임 속에서 플레이어들이 나눠갖는 순간 상징성을 갖게 되듯이 우리는 일상에서도 규칙 안에 들어가면 그 규칙을 따르게 된다. 게임을 안 해봤다, 게임이 싫다고 말하는 이들도 마찬가지다. 인간을 호모 루덴스라고 부르는 이유는 인간이 게임 유전자를 갖고 태어났기 때문이다.

스티브 존슨의 저서 『원더랜드』에는 목화로 만든 옥양목을 좋아한 귀부인들이 저절로 악기를 연주하는 오토마타의 원리를 응용해 자동으로 천에 문양을 넣는 방직기를 만드는 데 일조했고, 이것이 산업 혁명에 불을 붙였다는 얘기가 나온다. 중세, 근세 시대의 공공 놀이터 역

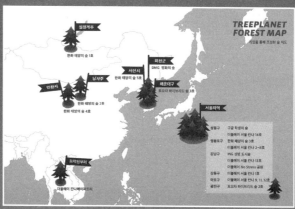

© treepla.net

포인트를 쌓아 사막화가 진행되는
몽골에 나무를 심는 게임 <트리 플래닛>

할을 했던 선술집에서 많은 이가 모여 놀고 자유롭게 대화하면서 표현과 행동의 자유를 다듬었고, 그 결과가 훗날 민주주의와 독립운동으로 이어지기도 했다. 작은 장난감, 놀이, 수다가 가져온 자유로운 창조가 인류를 발전시킨 원동력이 됐다.

‖ 3 ‖
기업은 이제 가르치지 않고 플레이한다

게임의 즐거움이 현실의 행복으로 연결

게임 잘하는 것도 실력인 시대가 됐다. 프로 게이머 얘기가 아니다. 게임 디자이너이자 미국 미래연구소 게임연구개발 분야에서 개발이사로 활동하고 있는 제인 맥고니걸Jane McGonigal 박사는 게임으로 세상을 더 좋게 만들 수 있다고 주장해 왔다. 그는 현실을 살아가는 우리가 당면한 과제를 해결하는 방법을 고민했고, 게임할 때 느끼는 긍정적 감정을 현실 세계의 행복과 성취감으로 연결하는 방법을 연구했다.

    2020년 게임문화재단이 주최한 제3회 〈T.A.G Talk〉에서 제인 맥고니걸 박사는 '예측 불허의 미래, 게임이 미래 사회에 도움이 되는 4가지 이유'에 대해 강의하면서 "비디오 게임을 하는 사람들이 그렇지 않은 사람들보다 새로운 과제에 보다 잘 적응한다."고 강조했다. 비디오 게임이 주변의 변화를 더 빨리 감지하도록 두뇌를 훈련시키고, 인공 지

© BMWGroup

직군 훈련 과정에 VR과 게임의 원리를 적극 도입한 BMW

능과 협력하는 방법을 알려주며, 게임하면서 서로 돕는 능력이 향상되고, 게임에서 받은 긍정적인 에너지와 집중력이 일상의 어려운 과제를 풀어나가는 데에 도움이 된다는 점을 근거를 들었다.

흥미로운 실험 결과도 있다. 코로나19로 인해 학생들의 생활이 완전히 바뀌었는데, 제인 맥고니걸 박사팀은 이러한 변화에 미국 여학생과 남학생 중 누가 더 잘 적응하고 있는지 조사했다. 결과는 남학생의 우세. 좀비 게임 마니아인 남학생들은 눈에 보이는 좀비와 바이러스를 때려잡는 것에 익숙한 데다 코로나19 감염자들이 좀비가 되어 위협하는 것이 아니니 언젠가는 끝날 거라고 낙관적으로 생각하기 때문이다. 이전처럼 오프라인에서 친구들과 어울려 놀지 못하지만, 게임하면서 헤드셋을 끼고 대화하는 것에 익숙하기 때문인지 온라인 수업도 크게 불편함을 못 느낀다고 답하기도 했다. 제인 맥고니걸 박사는 하드코어 게임 속 환경이 코로나19의 실제 상황에 대한 선행 학습이었다고 설명했다.

세상을 플레이하는 게이미피케이션

BMW와 보잉은 생산 과정에 게임의 원리를 적극적으로 도입했다. 과거에는 실계 도면을 가지고 다니면서 부품을 조립하거나 분리했지만, 지금은 VR 고글 하나면 간단하게 해결된다. VR 고글을 끼면 눈앞에 미션 창이 뜨고, 조립해야 할 부품 모양이 그려진다. 해당 부품을 찾아

기업은 이제 가르치지 않고 플레이한다

기계 가까이로 가져가면 장착할 정확한 위치와 방향이 표기되고, 제대로 장착했을 경우 효과음이 나오면서 작업자를 칭찬해 준다. 과거에는 숙련된 작업자만 할 수 있었던 일을 VR 장비를 도입하면서 기초 교육을 수료하면 누구나 해낼 수 있게 됐다. 특히 전투기처럼 복잡한 기계의 경우 숙련공 한 명을 양성하는 데 1대 1 교육으로 1년 6개월이 넘는 시간이 걸렸는데, 이러한 방식으로 교육하면 기간은 1년 정도로 단축되고 한 번에 3~5인까지 그룹 교육이 가능해 시간과 비용을 크게 낮출 수 있다.

독일계 플랜트 기업인 지멘스Siemens는 화학·석유 적재 장비를 만드는 기업이다. 지멘스의 고민은 핵심 엔지니어들을 제외하고, 마케팅이나 지원 파트 직원들이 회사가 하는 일에 대해 정확하게 알지 못한다는 것이었다. 직무는 물론이고 회사 전체의 밸류 체인을 이해할 수 있도록 수차례 직원 교육을 실시했지만 효과가 미비했다. 여러 번의 시행착오 끝에 지멘스는 교육 방법을 바꿨다. 회사 업무를 〈플랜트빌Plantville〉이라는 게임으로 만들고, 회사의 업무를 세세하게 경험해 볼 수 있도록 아기자기한 그래픽으로 구성했다. 기존에는 재무팀에서 일하는 직원이라면 기술팀에서 올리는 부품 구입 내역서만 보고 그 부품이 왜 필요한지 이해할 수 없었는데, 〈플랜트빌〉을 통해 해당 부품에 대해 알게 되는 등 학습 효과가 높았다. HR 부서는 기술팀에서 인력을 충원해 달라고 할 때마다 어떤 조건을 갖춘 인재를 뽑아야 할지 몰랐지만, 게임을 통해 현재 기술팀에서 추진 중인 프로젝트와 수급해야 할 인력을 정확하게 파악할 수 있게 됐다.

　기업은 이제 가르치지 않고 플레이한다

일터는 게임이 되고 나는 플레이어가 되고

미국의 대형 마트 '타깃Target'에는 종종 계산대에 사람들이 너무 많이 몰려 대기 시간이 길다는 불만이 접수되곤 했다. 타깃은 계산대를 늘리기에 앞서 계산원들이 어떻게 일하는지 살펴봤다. 그 결과 직원들이 지나치게 여유를 부린다고 판단했다. 고민 끝에 계산대에 신호등을 설치했다. 고객들이 구매한 물건을 컨베이어 벨트 위에 올려놓으면 계산원이 3초 안에 바코드를 찍어야 파란불, 찍지 못하면 빨간불이 들어왔다. 일정 레벨 이상의 파란불을 획득하면 고객 응대 관련 교육을 면제해 주고, 빨간불이 쌓이면 기계를 다루는 방법이나 고객 응대 관련 교육을 추가로 받아야 하는 시스템이다.

얼마나 빠르게 정확하게 일하고 있는지 체크해 포인트나 레벨처럼 숫자로 치환해 보여주는 방식은 공장에서 생산성을 높이기 위해 종종 사용했던 방법이다. 이를 보는 두 가지 시선이 있다. 게임 속 플레이어가 된 기분으로 미션을 수행하듯 즐겁게 일할 수 있다는 의견과 지나친 감시와 통제의 수단이라는 의견이 대립하는 중이다.

메리어트Marriott International 호텔 체인에서도 직원이 업무를 익히도록 하는 데 게임을 활용하고, 커피 회사도 VR 장비로 커피 제조법을 익히게 한다. 컨설팅 회사인 딜로이트Deloitte도 내부 교육 프로그램을 직접 제작해 사용한다. 삼성전자는 모의 투자 게임을 개발하기도 했다. 클라우드 펀딩처럼 누군가 아이디어를 내면 그 아이디어에 투자해 보상금을 지급하는 게임이다. 게임의 특징을 잘 살려서 디자인한다면 사내 커뮤니티 플랫폼을 활성화하기 수월할 것이다. 더 단순한 게임도 있다. 출근 후 PC를 켜고 업무 포털에 로그인하면 3명의 사진이 뜨는데, 사진 속 인물이 누구인지 맞히는 게임이다. 맞히면 포인트를 지급하고 틀리면 해당 직원의 소속과 이름을 공개하는 방식이다. 규모가 큰 회사에서 직원들의 이름을 외울 수 있도록 돕기 위해 제작된 게임이다.

구성원들의 가치관까지 알 수 있는 인생 게임

요즘 기업은 직원 교육과 마케팅, 업무 생산성을 향상시키기 위해 게임적인 요소를 도입한다. 가장 많은 투자를 하는 부분은 교육이다. 〈메이 플라이May Fly〉는 20대부터 70대까지 인생을 미리 살아보는 게임이다. 보드게임에 소프트웨어 게임과 물리적인 게임을 혼합시켜 놓은 형태. 게임 시작 전 플레이어들에게 사람들이 중요하다고 생각하는 인생의 가치관이 적힌 카드 7장과 생명 카드 3장을 나누어준다. 플레이어는 카드를 들고 물리적인 공간에서 게임을 진행하면서, 상대적으로 덜 중요하다고 생각하는 카드를 다른 플레이어와 교환한다.

　게임을 진행하다 보면 "왜 이 중요한 카드(가치관)를 버리고 왜 이 카드(가치관)를 택하느냐?"는 대화가 자연스럽게 오간다. 단순한 도구를 가지고 단순한 룰에 의해 진행되는 〈메이 플라이〉는 평상시에 쑥스러워서 하기 어려웠던 인생의 가치관에 대해 이야기할 수 있도록 설계한 게임이다. 연령대별로 물리적인 공간을 나누고 이동하면서 문제를 푸는데, 게임의 끝에는 죽음이 기다리고 있다. 마지막 단계는 미리 묘비명을 적는 것. 이러한 일련의 과정을 통해 플레이어들에게 '당신이 살아오면서 했던 선택들이 당신의 인생'이라는 것을 상기시킨다. 한 번에 200명이 넘는 사람들이 참여할 수 있기 때문에 단체 교육에 많이 활용된다. 게임을 시작하기 전 이 게임을 통해 얻을 수 있는 것에 대해 얘기하면 기업 임원이나 교사들의 반응은 늘 시큰둥하다. 하지만 게임이 시작되면 플레이어들로부터 "생각할 시간을 더 달라."는 요청이 쇄도한다.

요즘 기업들의 고민은 젊은 직원들의 근속 연수가 짧아지는 것이라고 한다. 요즘 애들이 끈기가 없다, 곱게 자라서 쉽게 포기한다 등 경영진은 그 원인을 젊은 직원들에게서 찾는다. 그러나 원인을 정확히 알아야 결과를 바꿀 수 있다. 회사를 그만두는 이유를 알기 위해 회사에서는 인터뷰나 설문 조사를 해보지만, 누구도 솔직한 속마음을 털어놓지 않는다. 〈메이 플라이〉는 개인의 진짜 속마음과 가치관이 드러나는 게임이다. 가치관에 대한 게임을 하다 보면 퇴사의 이유가 만족스럽지 못한 연봉 때문인지, 노답 꼰대 상사 때문인지, 회사의 비전이 없어서인지 알 수 있게 된다. 회사의 비전에 동의하고 가치가 공유된다면 이직률을 훨씬 낮출 수 있을 것이다.

20대부터 70대까지 인생을 미리 살아보는 게임 <메이 플라이>.
보드게임, 소프트웨어 게임, 물리적인 게임이 혼합된 형태다.

모두가 편견이 없는 것은 아니다

인트라넷에 '리더 보드'라는 게시판을 운영하는 회사가 있었다. 임직원이 수만 명이 되는 규모가 큰 회사였는데, 직원들의 업무 평가를 해 등수를 매긴 다음 매월 1등부터 꼴등까지 줄을 세우곤 했다. 이 경우 기업이 꼴등에게 전하고 싶은 메시지는 명징하다. "당신은 무능력하니 자진 퇴사해 주세요." 순위를 가려내야 하는 경연 프로그램에서 수상권에 든 이들의 순위만 발표하는 이유는 이 때문이다. 해당 기업처럼 모든 도전자를 1등부터 꼴등까지 줄을 세운다면 꼴등에게는 "당신의 실력은 최악이니 당장 그만두세요."라는 말과 마찬가지다. 누구도 타인의 꿈에 관여할 수 없듯이 기업 또한 개인에게 퇴사를 강요할 수는 없다. 사내에서 불쾌함을 표하는 이들이 나타났고, 당황한 회사 측에서 상담을 요청했다.

처음 '리더 보드'를 보고 너무 놀란 나머지 이런 태도로 직원들을 대하면 절대 안 된다고 강력하게 말했다. 담당자는 그렇게 나쁜 의도로 운영한 게시판이 아니라며 손사래를 쳤다. 우수 사원을 칭찬하기 위해 만든 게시판이라 1등만 생각하고 꼴등 생각은 전혀 하지 못했던 것이다. 설계상의 오류로 외려 많은 이들에게 상처를 주게 된 케이스. 게임의 구조를 잘못 사용하면 부작용도 만만치 않음을 알아야 한다.

요즘 방송가에는 '본캐' 외에 '부캐'를 갖는 게 유행이다. 꼭 들어맞는 비유는 아니지만, 나의 본캐가 대학교수라면 부캐는 게임 디자이너다. 게임 개발자의 한 직종으로, 게임의 규칙을 정하고 세부적인 방식을 정의하는 기획자를 말한다. 나는 앞서 소개한 〈메이 플라이〉 외에도 회사 내부에서 활용하면 좋을 게임 몇 가지를 디자인했다. 그런데 기업과 협업을 하다 보면 일정한 패턴이 있다. 게임 디자이너라고 소개하는 순간 "나도 왕년에 〈스타크래프트〉 좀 해봤다."고 말하는 경우가 많다. 연배에 따라 〈갤러그〉까지 내려가기도 한다. 누군가에게 게임은 그 정도에서 멈췄다. 그러다 보니 게임을 교육과 마케팅, 생산성 향상에 유용하게 사용한 기업 사례를 아무리 열심히 설파해도 여전히 게임에 대한 시선이 회의적인 기업이 많다. 기업 교육을 의뢰 받고 게임적인 요소를 더해 몰입도 높은 교육을 하겠다는 기획서를 제출하면 불편한 기색을 드러내는 기업도 있다. 그래서 기획서에는 '게이미피케이션gamification' 이라는 말 대신 '디지털 트랜스포메이션digital transformation' 교육이라는 말을 사용한다. 아직도 게임이 넘어야 할 편견이 많은 것이다.

교육용 게임을 개발했다고 하면 시쳇말로 "돈도 안 되는 일을 왜 하느냐?"고 묻는 이들이 있다. 그때마다 나는 "좋은 목적을 가지고 가볍게 활용할 수 있는 게임 도구가 절실한데 게임 회사에서는 경제성이 낮아 관심이 없기 때문"이라고 답한다. 첨단 기술과 고급 인력, 막강한 자본을 가진 게임 회사들이 교육용 게임 개발에 참여하면 좋겠다. 그러면 플레이어들에게 지금보다 나은 경험을 줄 수 있을 것이라고 믿는다.

기업은 이제 가르치지 않고 플레이한다

‖ 4 ‖
변화는 좋지만 마음은 불안한 세대

변곡점에 선 사회에서 느끼는 불안감

미래 사회 예측에 대한 강연을 하다 보면 내용이 불편하다는 피드백도 있다. 당신이 예측한 방향대로 사회가 변화할 것 같은데, 정말 그렇게 돼도 괜찮은 건지 마음이 불안해진다는 것이다. 미래를 예측하는 방식은 탐색적인 것과 규범적인 것이 있다. 탐색적 예측은 '이미 사회가 이 방향으로 변화하고 있다'는 것이고, 규범적 예측은 '이 방향이 옳은 방향인가'에 대한 질문이다.

미래 사회가 점차 경험 경제로 이동한다는 내용은 이해하지만 컴퓨터 앞에서 각종 IT 기기를 착용하고 온라인 공간에서 이뤄지는 것은 옳지 못하다는 이들도 있다. 나 역시 안전이나 효율성 측면에서는 일정 부분 온라인에서 이뤄지는 것이 좋지만, 이대로 흘러가는 것은 위험하다는 데 동의한다. 자세히 들여다보면 규범적 예측 이면에는 두려움이 존재한다. 재봉틀이 개발되고 특허가 나온 후 상용화될 때까지 수십 년의 세월이 걸렸다. 재봉사들의 반대 때문이다. 프랑스에서는 집단 봉기가 일어나 재봉틀 공장에 불을 지르거나 분신하는 사건이 벌어지기도 했다.

역사는 반복된다. 지금 당장은 훨씬 편리하고 경제적인 사회가 도래할 것 같지만, 동시에 이러한 사회의 변화가 나를 몰아낼 수도 있겠다는 불안감이 공존한다. 나 역시 예외는 아니다.

하이테크 기술을 받아들이는 이노베이터 이론

문명의 발달사나 기술 발전의 주기를 보면, 인류는 옛것을 간직하면서 새로운 것을 쌓아 현대 문명에 이르렀다. 새로운 기술이 등장했을 때 모든 사람이 동시에 기술을 수용하는 것은 아니다. 하이테크 기술이나 제품을 소비하는 소비자 유형을 구분하는 '이노베이터 이론'이 있다. 수용 시기에 따라 혁신자innovator, 초기 수용자early adapter, 전기 다수 early majority, 후기 다수late majority, 지각 수용자leggard로 나뉜다. 신기술이나 신제품을 가장 늦게 받아들이는 후기 다수와 지각 수용자들은 새로운 기술이 나를 편안하게 해줄 거라는 확신이 서거나, 서비스 중단이나 생산 중단 등의 어쩔 수 없는 경우에 이르러야 새로운 기술을 받아들인다. 휴대폰이 등장한 후에도 비퍼beeper: 무선 호출기가 편해 휴대폰을 거부하다가 비퍼 서비스가 중단되고 나서야 휴대폰을 사용하기 시작한 이들이 이 경우에 해당한다. 흔히 느림보 집단이라 불리는 이들이 새로운 기술이나 변화에 대한 두려움을 갖는 것은 당연한 이치다. 변화를 좋아하는 이들이 있지만, 현재 상황에 만족하고 행복감을 느끼는 이들도 있는 법이니까. 우열을 따질 문제가 아니라 그저 가치관과 취향의 차이일 뿐이다.

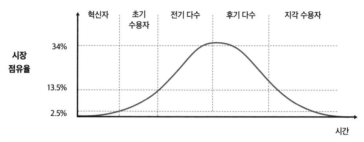

(a) 5단계 수용자의 단계별 시장 점유율

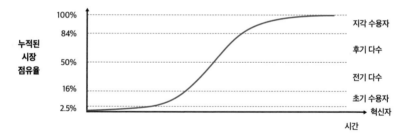

(b) 5단계 수용자의 누적된 시장 점유율

• **혁신자** 변화를 좋아하고, 신기술에 열광하는 집단으로 혁신을 최초로 수용한다. 혁신을 통해 직접적인 효익이나 생산성 향상을 기대하기보다는 혁신 자체를 즐긴다. 초기 제품에 존재하는 결함이나 변화 수용 과정의 불편함에 대해 문제를 삼지 않는다. 기업 입장에서 혁신자

들을 통해 많은 수익을 얻기는 어렵다. 다만 다음 집단인 초기 수용자를 움직이게 하는 역할을 이들에게 기대한다.

• **초기 수용자** 신기술을 수용해 혁신적인 성과와 급진적인 변화를 얻고 싶어 하는 집단. 혁신 제품의 앞선 기능과 성능으로 다른 소비자보다 앞서서 경쟁 우위의 이득을 보고자 한다. 가격 민감도가 낮다. 비용을 더 지불하더라도 한두 달 앞서 제품 구매가 가능하다면 기꺼이 구매한다. 그리고 다른 잠재적 소비자들과 활발하게 의견을 교류한다. 언론, 블로그, SNS 등을 통해 혁신 제품에 대한 소비 경험을 능동적으로 공유한다.

• **전기 다수** 실용주의적 특성을 보인다. 급진적인 혁신보다는 점진적인 변화를 선호한다. 혼자만 독특한 제품이나 기술을 선택하기보다는 다수가 선택하는 것을 사용하고 싶어 한다. 동종 업계 기업이나 전문가의 의견, 사용 패턴에 강하게 영향을 받는다. 즉, 큰 위험 부담 없이 주변의 변화를 따라가면서 안정적으로 생산성 향상을 얻고자 한다.

• **후기 다수** 주변에서 상당수의 기업이나 소비자가 혁신 제품을 사용한다는 것을 인식하고, 이로부터 압박감을 느낄 때 제품을 구매한다. 혁신 제품으로 인한 위험을 극도로 회피하며, 비용에도 매우 민감하다.

• **지각 수용자** 혁신 제품이나 기술에 대해 회의적인 시각을 갖고 있다. 혁신이나 변화를 반대하는 입장이다. 혁신 제품이 더 많은 효익을 주리라 믿지 않는다. 신제품을 수용하지 않으면 더 이상 버티기 어려운 상황이 되어서야 신제품을 수용한다.

변화는 좋지만 마음은 불안한 세대

인류의 미래의 삶이 결정되는 시기

새로운 기술은 인류의 삶에 크고 작은 변화를 만들어냈다. 영국의 토머스 뉴커먼Thomas Newcomen이 1712년에 개발한 대기압 증기 기관은 산업 혁명의 시발점이 된다. 산업 혁명 전후의 1인당 소득 변화(그래프 참조)를 보면 산업 혁명을 빠르게 받아들인 미국과 서유럽의 소득이 급격히 높아졌다는 것을 알 수 있다. 산업 혁명 이전에도 서유럽이 가장 부유했으나 아프리카나 인도, 아시아와 큰 격차는 없었다. 미국은 인도와 비슷한 수준이었다. 미국이 세계 경제 중심에 우뚝 서게 된 데에는 산업 혁명의 영향이 크다. 산업 혁명을 받아들였기에 무기를 제작할 원천 기술을 보유할 수 있었고, 제2차 세계 대전 때 무기를 수출하며 부를 축적할 수 있었다.

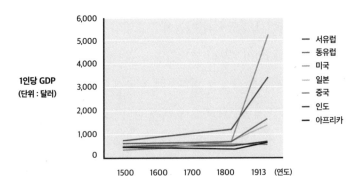

- 산업 혁명 전후의 1인당 소득 변화
- 출처: DigitalTonto

불안감이든 불편함이든 지금의 변화가 불쾌하고 거부감이 들어 후기 다수나 지각 수용자로 머무르고 싶은 마음을 이해할 수 있다. 그러나 나의 가족과 다음 세대, 사회와 국가적인 맥락에서 보면 이러한 불안감과 거부감이 미래를 지연시킬 수 있다는 것도 알아두어야 한다. 혁신적인 기술은 기업이나 국가를 넘어 인류 전체의 삶에 큰 영향을 미친다. 후기 다수와 지각 수용자를 나쁜 집단으로 단정 짓고 몰아내거나 멸시하자는 얘기가 아니다. 새로운 것을 도입할 때는 꼬리 부분의 집단도 잘 따라올 수 있도록 그들의 성향 차이와 불안감을 잘 이해하고 인정하면서 한 사회 안에서 융화될 수 있도록 끌고 가야 한다.

사회·경제가 급격하게 변하는 기로에 놓여 있다. 굴곡의 방향이 바뀌는 자리를 나타내는 곡선 위의 점을 변곡점이라 부른다. 하지만 곡선 위의 점이 방향이 없듯, 사회 속에 속한 우리는 변화의 방향을 정확하게 인지하기 어렵다. 이럴 때일수록 사고력을 키워 거시적 관점을 기르는 것이 중요하다. 무엇보다 상상을 통해 미래를 시각화하고 각 변화들 사이의 연관성을 통해 입체적으로 사고할 줄 알아야 한다.

변화는 좋지만 마음은 불안한 세대

‖ 5 ‖
혁신이 아니면 도태되는 기업

난공불락이었던 인텔의 추락

2020년 애플Apple은 인텔intel과의 결별을 선언했다. 애플은 그동안 아이폰, 아이패드, 애플워치에는 직접 개발한 칩셋인 '애플 실리콘Apple Silicon'을 사용하면서 상대적으로 고사양인 아이맥과 맥북에는 인텔의 칩셋을 사용해 왔다. 그러나 직접 설계한 M1 칩셋을 탑재한 신형 아이맥과 맥북을 출시하면서 인텔과의 오랜 협업 관계를 끝냈다. M1 칩셋을 탑재한 제품은 앱스토어에 등록된 앱을 그대로 사용할 수 있고, 개발자들은 새로운 유니버설 앱을 통해 기존의 맥 OS용 앱을 변환할 수 있다. 인텔에게는 날벼락 같은 소식이지만, 애플은 외부 의존도는 낮추고 기기 성능을 강화하며 생태계를 견고히 했다는 평이다. 이는 다시 말해 CPU와 GPU, 메모리가 통합된 시스템 온 칩System on Chip M1을 통해 애플이 PC 반도체 시장에 진출했음을 의미하기도 한다.

© apple.com

아이폰과 아이패드에 사용되던 애플이 직접 설계한 시스템온칩 M1이
2020년부터 아이맥과 맥북에도 탑재됐다.

세계 최강자로 군림하던 인텔이 지난 10년 동안 혁신적인 모습을 보여주지 못한 사이, 속된 말로 '싼 맛에 쓴다'는 꼬리표를 달고 있던 AMDAdvanced Micro Devices는 향상된 공정과 저렴한 가격을 내세워 인텔을 맹추격해 왔다. 플레이스테이션PlayStation 5와 엑스박스 시리즈 X에도 칩셋을 공급하며 성능을 입증 받았고, PC뿐 아니라 서버 CPU 시장에서도 점유율을 높여 나가는 중이다. AMD는 2020년 통신과 네트워크 분야에 주로 사용되는 FPGAField Programmable Gate Array: 프로그래밍이 가능한 내부 회로가 포함된 반도체 소자 반도체 1위 기업인 자일링스Xilinx를 인수했다. 대형 통신사의 경우 아직 인텔의 CPU를 탑재한 서버를 선호하지만, 자일링스를 인수한 AMD가 서버용 CPU를 개선한다면 시장에 커다란 지각 변동이 올 것이 자명하다. 결국 인텔은 2020년 10월 낸드NAND 메모리 사업 부문을 SK하이닉스에 매각하고, 주력 사업인 시스템 반도체에 집중할 것이라고 발표했다.

온라인 서점으로 시작한 아마존의 혁신

제프 베이조스Jeff Bezos는 1994년 아마존Amazon을 설립했다. 스티브 잡스Steve Jobs가 그랬던 것처럼 미국 시애틀 소재의 차고가 그의 첫 번째 사무실이었다. 아마존은 온라인 서점으로 출발했다. 물리적인 공간인 서점에 들어가 진열돼 있는 제한된 책 중 자신이 원하는 것을 선택하는 대신, 크기를 가늠할 수 없을 정도로 넓은 온라인 서점에 접속해 책을 구매하는 경험을 고객들에게 제공했다. 이후 아마존은 IMDb을 인수하면서 멀티미어로 사업 영역을 확장했다. 동시에 판매 품목을 확대했다. 그 결과 아마존은 '있어야 할 건 다 있고, 없어야 할 건 없는' 플랫폼 기업이 되었다. 2002년 즈음에는 운송 분야로까지 영역을 확장했다. 주문한 상품을 직접 가정까지 배달했고, 2005년에는 프라임 서비스를 론칭하면서 원스톱 토털 서비스를 제공하기 시작했다. 지금 아마존은 1억 5,000만 명 이상의 프라임 회원을 보유하고 있다. 프라임 회원들은 엔터테인먼트, 전자책, 식료품 서비스, 클라우드 스토리지, 게임 등 방대한 라이브러리를 소유하게 됐고, 창업자 제프 베이조스는 테슬라의 일론 머스크와 함께 세계 최고 부자 자리에 오르내리고 있다. 최근 아마존은 넷플릭스Netflix처럼 오리지널 콘텐츠를 위한 투자도 아끼지 않고 있다.

최초로 GPU를 개발한 엔비디아의 도전

엔비디아NVIDIA는 원래 그래픽 카드를 만드는 회사였다. 1990년대까지만 해도 그래픽 카드는 CPU의 연산 결과를 그림이나 글자 신호로 변환해 모니터에 출력해 주는 어댑터 같은 부품에 불과했다. 그런데 고사양 게임이 속속 등장하면서 그래픽 카드에 요구되는 성능이 변하기 시작했다. 엔비디아는 1999년 CPU 도움 없이 연산하고 출력할 수 있는 새로운 그래픽 컨트롤러를 출시하면서 GPUGraphic Processing Unit라는

혁신이 아니면 도태되는 기업

© primevideo.com, amazon.co.uk, amazon.com

온라인 서점으로 시작해 플랫폼 기업으로 성장한 아마존은 프라임 서비스를
론칭하며 원스톱 토털 서비스를 제공하고 있다.

말을 사용하기 시작했다. GPU 기반의 그래픽 카드를 사용하면 3D 그래픽 성능이 크게 향상되기 때문에 게임을 한층 원활하게 구동할 수 있다. 그런데 뜻밖에도 엔비디아는 현재 인공 지능AI 시장을 선도하고 있다. AI의 핵심은 딥 러닝deep learning이다. 딥 러닝은 사람의 신경망을 모방한 수많은 인공 신경망을 디바이스 내부에 만들어 기계에 학습 능력을 부여하는 것을 말한다. 인공 신경망을 유지하기 위해서는 단순한 연산을 수없이 반복해야 하는데, 이러한 단순 연산의 반복 처리는 CPU보다 GPU가 훨씬 잘 수행한다. 결국 엔비디아의 GPU는 게임용으로 만들어졌지만 AI와 데이터 센터에 적용되면서 새로운 미래를 열어가고 있다.

앞서 엔비디아 CEO 젠슨 황Jensen Huang은 '소프트뱅크 월드 컨퍼런스Softbank World Conference'의 기조연설에 게스트로 참가해 "소프트웨어 프로그래밍을 대중화할 것"이라고 선언한 바 있다. "앞으로는 컴퓨터를 프로그래밍할 필요가 없이 단지 학습시키기만 하면 될 것"이라고 덧붙였다. 엔비디아는 그동안 축적한 딥 러닝, 빅 데이터, GPU 등을 통해 AI를 혁신해 왔고, 이를 통해 소프트웨어가 소프트웨어를 만들 수 있는 시대를 열겠다는 의미다.

산업 현장을 바꿔놓은 게임

4차 산업 혁명의 본질은 디지털화다. 곳곳에 상상 이상으로 많은 센서를 부착해 디지털화된 데이터를 수집하고, AI가 가공해 특정 결과를 이끌어낸다. 인간은 그 결과를 활용해 더 나은 결정을 할 수 있다. 정보와 답을 얻기 위해 검색이 자동화된 것처럼, 전통적인 산업에서도 더 많은 것이 자동화를 넘어 디지털화되는 중이다. 그동안 현장에서 발생하는 데이터가 가공하기 어려운 형태로 저장했던 이유는 총괄하는 소프트웨어를 만들 기술이 부족했기 때문이다.

그사이 엔비디아는 실시간 개방형 3D 디자인 협업 플랫폼인 옴니버스Omniverse를 출시하고 성능을 업데이트시켜 왔다. 옴니버스는 픽사Pixar의 USDUniversal Scene Description와 엔비디아의 RTX(엔비디아의 그래픽 카드 브랜드명) 기술을 활용해 전 세계 어디서나 애플리케이션을 쉽게 사용하고 동료 및 고객들과 실시간으로 공동 작업을 할 수 있도록 지원한다. 옴니버스는 가상 공간이지만 실제 물리 법칙을 따르도록 설계됐고, 크리에이터들이 세계 각지에서 원격으로 문서를 편집하는 것만큼 손쉽게 단일 디자인을 놓고 협업할 수 있도록 돕는다. 예를 들어 옴니버스를 이용해 스마트 팩토리를 디자인한다고 가정해 보자. 공장을 짓고 생산 라인을 구성한 다음 로봇을 배치할 계획이라면 옴니버스 안에서 실제와 거의 똑같은 모습으로 시뮬레이션해 볼 수 있다. 증강 현실과 인공 지능을 접목시켜 가구를 구입 전에 내 집에 배치해 볼 수 있는 이케아 애플리케이션 '이케아 플레이스IKEA Place'의 진화된 산업 버전인 셈이다.

스마트 팩토리 디자인 외에도 옴니버스를 활용하면 로보틱스, 자동차, 건축, 엔지니어링, 건설, 제조, 미디어 및 엔터테인먼트 산업에 종

© nvidia.com

엔비디아가 출시한 실시간 개방형 3D 디자인 협업 플랫폼인 옴니버스

사하는 작업자들 간의 협업과 시뮬레이션이 가능해진다.

　과거 엔비디아는 그래픽 카드를 만드는 기업이었다. 게임을 보다 실감나게 즐기도록 하기 위해 개발한 GPU가 산업의 지형을 바꿨고 AI를 통해 미래를 선도하고 있다. 놀면서 확장한 상상력이 보다 재미있는 놀이를 위해 개발한 기술과 합해져 미래를 바꾸고 있다.

‖ 6 ‖
멀티 페르소나: 부캐의 세계

누구나 부캐 하나쯤은 키우는 세상

페르소나persona는 연극할 때 사용하는 '가면'을 뜻하는 라틴어에서 유래한 단어로, 사람person, 성격personality의 어원이기도 하다. 사회학적으로 페르소나는 집단생활을 하는 개인이 겉으로 드러내는 모습을 의미한다. 우리는 누구나 혼자 있을 때와 가족과 집에 있을 때, 친구들과 학교에 있을 때, 동료들과 직장에 있을 때의 모습이 조금씩 다르다. 심리학자 카를 구스타프 융Carl Gustav Jung은 페르소나를 '개인과 사회적 집합체 사이의 일종의 타입'이라고 정의했다. 원래의 내 모습과 사회에서 기대하는 나, 둘 사이의 어딘가라는 의미다. 그렇다면 현실 사회에서 당신의 모습과 라이프 로깅life logging: 개인이 생활하면서 보고, 듣고, 만나고, 느끼는 모든 정보를 자동으로 기록하는 것 메타버스metaverse: 3차원 가상 세계, 소셜 미디어에서 활동하는 당신의 모습은 비슷한가, 다른가.

학기마다 학생들을 대상으로 '고민 콘서트'를 개최한다. 200~300명의 학생이 넓은 대강당에 모여 온라인에 접속한 채 전국에 고민 자랑을 하는 수업이다. 첫 콘서트의 아찔했던 상황을 생생하게 기억한다. 오프닝 인사를 마치고 나서 학생들에게 '당신의 고민거리'에 대해 말해 달라고 했다. TV 토크쇼처럼 자연스럽게 질문을 받아 답해 줄 요량이었다. 그러나 누구도 고민을 말하지 않았고, 결국 이메일로 미리 받아 둔 고민거리를 추려 수업을 진행해야 했다. 이듬해에는 강당 앞에 커다란 스크린을 설치하고 카카오톡 오픈 채팅방을 띄웠다. 학생들은 오픈 채팅방에 실명이 아닌 닉네임으로 접속하도록 했고, 순식간에 40~50개의 고민이 올라왔다. 코로나19로 인해 대규모 강연을 할 수 없었던 2020년에는 유튜브로 진행했다. 대면 상태에서 익명으로 고민을 털어놓는 이들보다 비대면 상태에서 익명으로 고민을 털어놓는 이들이 훨씬 많았다. 강의실에서보다 재치 있는 댓글이 올라왔고, 강의 분위기는 이전보다 훨씬 적극적이고 유머러스했다.

기업은 멀티 페르소나의 취향을 고려한 전략이 필요하다

한 사람이 현실 세계와 여러 개의 메타버스를 동시에 살아가면서 여러 개의 페르소나를 보여주는 세상이다. 가정에서의 나, 직장에서의 나, SNS에서의 나, 온라인 게임에서의 나 등 각각의 메타버스에서 겉으로 드러나는 성격은 대부분 조금씩 다르다. 한 사람이 상황, 메타버스마

© SHUTTER STOCK

한 사람이 현실 세계와 여러 개의 메타버스를 동시에 살아가면서
여러 개의 페르소나를 보여주는 멀티 페르소나의 시대다.

© zepetto.com

twitter © zepetoAMUNA

다 다른 성향과 인격을 나타내는 멀티 페르소나가 위험하다는 의견도 있다. 내가 누군지, 어떤 사람인지를 의미하는 정체성을 파편화해 붕괴시킨다는 것이다. 그러나 해리성 정체감 장애를 의미하는 다중 인격과 멀티 페르소나는 차이가 있다. 해리성 정체감 장애 환자의 경우에는 한 사람이 상황에 따라 여러 개의 상반된 인격을 보이고, 한 인격이 했던 행동과 기억을 다른 인격과 공유하지 못한다는 것이 문제다. 여러 메타버스에서 조금씩 다른 성향을 보여주는 사람이 있다고 해서 그게 정신과적 질환을 가지고 있는 것은 아니다. 여러 메타버스에서 나타나는 서로 다른 모습을 모두 합한 것이 진짜 내 모습이기 때문이다. 강연을 듣기 위해 강당에 모였을 때 수줍었던 나, 오픈 채팅방에서 솔직하게 고민을 털어놓은 나, 유튜브 채팅창에서 모르는 학우의 고민에 위로를 건넨 나, 모두 진짜 내 모습이다.

여러 메타버스에서 멀티 페르소나로 살아가는 현대인은 방송에 대놓고 등장한 멀티 페르소나, 일명 '부캐'라 부르는 서브 캐릭터에 열광한다. 개그우먼 김신영은 트로트 가수 '둘째 이모 김다비'로도 활동한다. 유재석은 '지미유', '카놀라유', '유라섹', '유산슬' 등 부캐 부자다. 기업은 이러한 '멀티 페르소나'에 주목해야 한다. 제품 개발, 마케팅, 판매 단계에서 기업들은 소비자의 특성을 페르소나로 정의하고, 그 페르소나와 자사 상품이 얼마나 잘 맞는지 고민해야 한다. 이를테면 기능성 원단을 사용한 고가의 운동복을 새로 출시할 경우 주 소비 고객의 연령, 성별, 직업, 소득, 생활 패턴, 성격 등을 세분해 몇 개의 가상 캐릭터를 만들고, 어떻게 하면 그 가상의 소비자가 우리 제품을 더 좋아하게 만들지 고민해야 한다. 한 사람이 멀티 페르소나를 갖고 있다. 하나의 운동 복이라 할지라도 그가 직장인일 때, 휴가 중일 때, 소셜 미디어 메타버 스에서 놀고 있을 때 각기 다른 페르소나가 등장한다. 이를 잊지 말고 서로 다른 페르소나가 보이는 취향을 맞춰줄 전략이 필요하다.

‖ 7 ‖
인공 지능과 더불어 살아갈 세상

새로운 개념의 걸 그룹 등장

게임보다 흥미로운 아이돌 그룹이 2020년 데뷔했다. SM엔터테인먼트의 '에스파aespa'가 그 주인공이다. 에스파는 '아바타avatar × 익스피리언스experience'를 표현한 'æ'와 '양면'이라는 뜻의 영단어 'aspect'를 결합해 지은 이름이다. 에스파는 4인조이면서 8인조인 걸 그룹이다. 4명의 멤버와 각 멤버에 대응하는 버추얼빙 'ae아이'가 추가된 형태. 현실과 가상이 공존하는 에스파의 세계관은 게임 속 세계를 연상케 한다. 데뷔 전 공개된 티저 영상에서 현실 멤버와 버추얼빙은 인공 지능 시스템인 '나비스NAVIS'의 도움으로 소통한다고 설명했다. 데뷔곡인 「블랙맘바Black Mamba」의 뮤직비디오 역시 현실 멤버와 버추얼빙의 연결을 방해하는 존재가 블랙 맘바로 그려진다.

한동안 에스파의 연관 검색어에는 사이버 가수 '아담'의 이름이 따라다녔다. 우리나라 1호 버추얼빙 가수인 '아담'은 주로 노래를 하거나 인터뷰하는 장면이 전파를 탔다. 당시 3~5분의 짧은 장면을 완성하기 위해서는 수십에서 수백 명의 노력이 필요했다. 누군가는 온몸에 센서를 붙이고 움직임을 만들어 데이터로 기록하고, 누군가는 데이터를 해석해 다시 그래픽으로 만들어야 했다. 노래도 누군가가 대신 불렀고, 인터뷰 멘트도 사람이 대신 녹음해 완성된 영상에 씌웠다. 놀라운 것은 이 모든 과정이 거의 수작업에 가까운 공정으로 이뤄졌다는 점이다. 이탈리아 장인이 명품을 만들듯 한 땀 한 땀. 아담 이후 20여 년이 지난 후 등장한 에스파는 어떻게 작동할까.

이수만 SM엔터테인먼트 총괄프로듀서는 에스파를 론칭하면서 "셀러브리티와 아바타가 중심이 되는 미래 세상을 투영해 현실 세계와 가상 세계의 경계를 초월한 완전히 새롭고 혁신적인 개념의 그룹"이라고 소개했다. 그룹 안에서 온·오프라인으로 동시에, 그러나 각각 서로 다른 방식으로, 때로는 현실 세계와 가상 세계의 컬래버레이션을 선보이는 방식으로 활동하겠다는 것. 블랙핑크가 제페토에서 선보였던 아바타와 에스파의 버추얼빙 멤버는 차이가 있다. 아바타가 현실 멤버의 분신이라면, 버추얼빙은 인공 지능 학습을 통해 독립적인 인격을 갖추게 된다.

머신 러닝으로 똑똑해진 인공 지능

에스파의 데뷔 소식을 듣고 '튜링 테스트Turing test' 결과가 궁금했다. 튜링 테스트란 3명이 서로 문자 메시지로 대화를 나눈 다음 셋 중 사람이 아닌 기계를 찾아내는 테스트로, 현대 전산학의 기초를 닦은 수학자 앨런 튜링이 만든 테스트 중 하나다. 만약 기계를 찾아내는 데 실패했다면 튜링 테스트를 통과한 것. 기계와 사람을 구분할 수 없을 정도로 정교하게 교육됐다는 걸 의미하기도 한다. 에스파 버추얼빙 멤버들의 첫 번째 지향점이 튜링 테스트를 통과하는 것이라는 생각이 들었다.

인공 지능은 머신 러닝과 딥 러닝에 의해 구현된다. 머신 러닝 machine learning은 컴퓨터가 특정 행동을 수행하기 위해 필요한 지시 기준을 컴퓨터에 학습시켜 스스로 수행 방법을 찾도록 만드는 것을 말한다. 딥 러닝deep learning은 머신 러닝과 달리 데이터를 입력하면 전혀 정보가 없는 데이터라고 하더라도 프로그램이 스스로 분석하고 분류할 수 있다. 머신 러닝과 딥 러닝을 통해 지능을 갖게 된 에스파는 러닝이 지속될수록 스스로 판단하고 사고할 수 있는 개체로 성장할 것이다. 과거 아담이 SNS 계정을 만들었다면 마케팅팀의 누군가가 아담의 캐릭터에 빙의해 계정을 운영했겠지만, 에스파의 버추얼빙 멤버들은 스스로 SNS를 운영할 수 있게 된다. 물리적인 형태만 없을 뿐 사람이라고 착각할 정도로 성장할 수도 있다.

인공 지능과 더불어 살아갈 세상

인공 지능을 발전시켜온 것은 게임

인공 지능의 개념은 원래 게임에서 주로 이용됐다. 빵집 아저씨나 꽃집 주인, 총을 맞고 죽는 사람처럼 게임에 등장하지만 플레이어가 아닌 캐릭터를 NPCNon-Player Character라 부른다. 게임 진행에는 큰 영향을 주지 않지만, 플레이어와 마주칠 때마다 적절한 행동을 해야 하기 때문에 NPC가 인공 지능을 가지고 있어야 게임의 완성도가 높아진다. 게임 회사들이 인공 지능을 연구하는 이유 중 하나가 바로 NPC가 사람처럼 행동하도록 만들기 위해서다.

언리얼Unreal은 인공 지능을 연구하는 대표적인 게임 소프트웨어 회사로 배우 없이 사람이 등장하는 것과 같은 효과를 내는 영화 촬영을 목표로 한다. 언리얼이 내놓은 버추얼빙은 모공과 머릿결, 눈동자까지 사람과 구분할 수 없을 정도로 극한의 디테일을 자랑한다. 그래픽적인 요소는 거의 완성 단계에 이르렀고, 지금은 사람 몸에 센서를 달아 움직임을 데이터화하는 작업을 진행 중이다. 이러한 기술들이 버추얼빙에 합해지면 머지않은 미래에 간단한 액션 코드만으로 버추얼빙이 스스로 움직이고 말하는 모습을 볼 수 있을 것이다.

미래 사회는 인공 지능과 더불어 사는 세상

게임은 인공 지능의 발달에 지대한 공을 세웠다. 이세돌과 알파고의 바둑 대전 이전에 체스 천재 게리 카스파로프Garry Kasparov와 인공 지능 '딥블루'의 대결이 있었다. 미디어는 '기계와 인간의 대결'이란 타이틀로 많은 뉴스를 생산해 냈고, 산업 관계자들은 승패보다 이렇게 집중된 이목이 기술 투자로 이어질 것인가에 더 집중했다. 체스라는 대중적인 놀이에 첨단 기술이 더해져 세상이 어떻게 변화하고 있는지 극명하게 보여줬으니, 산업 관점에서 체스 마스터와 딥블루의 대결은 기술 고도화 및 상용화를 위해 투자하라는 새로운 형식의 투자 설명회였던 셈이다. 실제로 이 대결 이후 대규모 기술 투자가 이어졌고, 결과적으로 인공 지능을 빠르게 성장시키는 동력이 됐다. 이러한 대중의 관심은 바둑 기사 이세돌 9단과 인공 지능 '알파고', 프로 게이머 송병구와 인공 지능 '알파스타'의 대전으로 이어지기도 했다.

인공 지능 트랙터와 사람이 '벼 베기 대회'를 한다면 100% 인공 지능이 승리할 것이다. 체력이 떨어질 리도 없고, 같은 작업을 반복하는 것이니 연산에 오류가 생기지도 않을 것이므로. 하지만 체스와 바둑, 게임에서는 다른 결과가 나올 것을 기대했다. 전략과 조작은 인간 고유의 영역, 겉으로 표현하지 않았지만 대전을 지켜보던 사람들 마음속에는 '감히 기계 주제에 인간의 영역에 도전을 해?!'라는 반감이 자리하고 있었다. 머신 러닝과 딥 러닝의 결과라고 부연 설명이 더해져도 불안한 것은 마찬가지다. 기분이 태도가 되면 안 된다. 불안함을 거부감으로 표출하지 않길 바란다.

인공 지능과의 동거는 거스를 수 없는 시대의 흐름이다. 변화된 세상에 무리 없이 안착하기 위해서는 연습이 필요하다. 미래를 살아갈 수

인공 지능과 더불어 살아갈 세상

없지만, 게임 안에서라면 가능하다. 지금은 커피를 내리고 피자를 구워 내는 낮은 수준의 인공 지능만을 실생활에서 접할 수 있다. 겉모습도 기계라고 해야 할지, 로봇이라고 해야 할지 난감할 정도다. 하지만 미래에는 사람과 구분할 수 없을 정도의 로봇이 등장할 것이다. 스스로 사고하며 판단하고 행동하는 높은 수준의 인공 지능을 지닌 버추얼빙과 어떻게 소통해야 할지 몰라 당황할 수도 있다. 그 충격을 줄이기 위해 인공 지능을 새로운 친구로 받아들이는 아이들처럼 게임 속에서 아바타나 버추얼빙과 상호 작용하면서 인공 지능과 함께 생활하는 법을 배우는 것도 꽤 괜찮은 방법이다.

‖ 8 ‖
게임과 현실은 연결돼 있다

메타 인지 능력의 향상

성적이 상위 0.1%에 속하는 학생들은 어떤 특징이 있는지를 탐구했던 실험을 살펴보자. IQ가 월등하게 높을까, 아니면 부모의 경제력이 뛰어날까. 전국 석차 0.1%의 학생들과 평범한 학생들을 대상으로 다양한 지표를 비교해 보았는데 이렇다 할 차이가 없었다. 다른 테스트도 진행됐다. 서로 연관성이 없는 단어 25개를 각각 3초씩 보여준 다음 얼마나 많은 단어를 기억하는지 지켜봤다. 결과는 흥미로웠다. 상위 0.1% 성적의 학생들이 평범한 학생들에 비해 훨씬 많은 단어를 기억해 냈다. 기억력 자체에 큰 차이가 없음에도 두 그룹이 전혀 다른 결과가 나온 까닭은 메타 인지 능력이 다르기 때문이다.

메타 인지란 내가 무엇을 알고 모르는지에 대해 아는 것을 말한다. 일종의 생각의 지도를 말하는데, 놀라운 것은 메타 인지 능력이 게임을

게임과 현실은 연결돼 있다

하다 보면 자연스럽게 습득된다는 점이다. 게임에 진입하면 크고 작은 미션이 주어진다. 미션을 수행하려면 아군과 적군을 구분해야 하고, 어떤 아이템을 사용할 수 있는지, 현재 나의 레벨에서 발휘할 수 있는 능력은 무엇인지 등을 알아야 한다. 그리고 내게 부족한 정보가 무엇이며, 그 정보를 알기 위해 어떤 행동을 해야 하는지에 대해 생각하게 된다. 그렇게 내가 가진 지식과 자원에 대해 지속적으로 생각하면서 내가 아는 것과 모르는 것, 내가 가진 것과 가지지 못한 것 등 메타적인 시각이 게임 안에서 자연스럽게 형성되는 것이다.

게임 속 경험이 현실 세계에도 연결

게임 안에서 수행한 전략적 행동은 현실에도 적용된다. 실제로 기업과 군대는 컴퓨터로 즐기던 경영 경험이나 전쟁 전략을 시뮬레이션 게임으로 제작해 보급하기도 한다. 해외에서는 교통사고가 난 상태에서 아이가 운전해 차를 세워 더 큰 사고를 면한 사례가 종종 보고된다. 얼마 전에는 10대 초반의 소년이 할머니와 함께 차를 타고 이동하던 중 할머니가 갑자기 뇌졸중으로 몸이 마비되자 소년이 조심스럽게 차를 갓길에 세운 일이 있었다. 깜짝 놀란 어른들이 어떻게 운전을 했느냐 물으니 〈마리오 카트Mario Kart〉 게임에서 하던 대로 핸들을 조작했다고 답했다. 교통사고 현장을 지나가다가 인공호흡으로 부상자를 살린 케이스도 있다. 그는 군대에 다녀오지 않았지만, 군대에 입대하는 상황을 재현한 시뮬레이션 게임의 유저였다. 게임 안에서 인공호흡 방법을 배웠단다. 이렇듯 게임은 현실 세계와 영향을 주고받는다.

문제가 되는 것은 폭력성이다. 게임 안에서 아무리 폭력적인 행동을 하더라도 현실 세계에는 반영되지 않는다는 의견과 게임 안에서의 폭력적인 행동이 현실 세계와 연결된다는 의견이 팽팽하게 대립한다. 전자는 게임을 통해 폭력에 대한 욕구가 해소되기 때문에 오히려 긍정적인 영향을 준다는 주장이고, 후자는 그 과정에서 폭력이 학습된다는 주장이다.

그렇다면 폭력적인 게임을 하면 폭력성이 증가한다는 것은 사실일까. 짐작만 있을 뿐 아직 게임과 폭력성 사이의 연관성이 밝혀진 것은 없다. 오히려 나는 게임 안에서 개인의 내재된 폭력성이 소비되고 있다고 생각하는 입장이다. 게임 안에서 개인의 스트레스와 폭력성이 소비되기 때문에 사회에서 안 좋은 쪽으로 분출될 나쁜 에너지가 상쇄시켜주는 거라고 말이다.

메신저가 아닌 메시지의 문제

과연 게임에만 해당되는 논쟁일까. 1973년 소설 『웨스트 월드West World』가 출간됐다. 장르는 SF 스릴러, 배경은 과학이 고도로 발달한 미래다. 소설은 겉으로는 사람과 구별되지 않는 인공 지능 로봇이 가득 찬 테마파크 '웨스트 월드'에서 일어나는 사건을 다룬다. 인공 지능 로

게임과 현실은 연결돼 있다

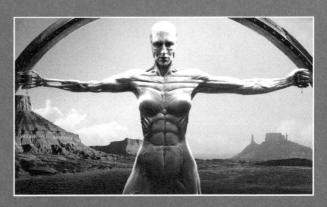

© hbo.com

거대한 테마 파크에서 손님들에게 만족감을 주기
위해 만든 로봇이 등장하는 드라마 <웨스트 월드>

봇들은 인지 능력이나 정서적인 부분에서 사람과 다를 바 없다. 당연히 스스로 로봇이라는 사실도 모른다. 기쁨, 슬픔, 분노, 후회의 감정까지 느끼는 로봇에게 한 가지 프로그래밍 되지 않은 능력은 기억력이다. 이 때문에 아무리 끔찍한 일을 당해도 다음 날이면 모든 것이 리셋된다. 소설 속에서 사람들은 거액을 주고 웨스트 월드에 놀러 가 로봇을 폭행하고 살인하고 강간한다. 가상의 공간에서 벌이는 행위인 데다 로봇이기 때문에 별다른 죄의식도 느끼지 않는다. 아무리 끔찍한 일을 저질러도 다음 날이면 게임처럼 원래대로 돌아간다. 죽었던 로봇이 살아나고, 부서지거나 사라졌던 물건도 제자리로 돌아온다. 그래서 더 죄책감 없이 폭력을 저지를 수 있는지도 모른다. 책을 읽다 보면 웨스트 월드가 애초에 현실 세계에서 채울 수 없는 인간의 잔인한 본성을 마음껏 펼치도록 설계된 공간처럼 느껴진다.

『웨스트 월드』는 영화와 드라마로도 제작돼 큰 인기를 얻었다. 텍스트가 영상화되었을 때 충격적이었던 지점이 있다. 이야기에 농장주의 딸이 등장하는데, 남자들은 농장에 갈 때마다 농장주의 딸을 겁탈한다. 당연히 이 끔찍한 일은 반복적으로 발생한다. 캐릭터는 계속 리셋되고 계속 겁탈을 당한다. 이 세계관 그대로 게임으로 제작된다면 어떨까? 상상만 해도 아찔하다. 로봇을 상대로 나쁜 짓을 저지르며 쾌감을 느끼는 인간들의 이야기가 게임으로 출시된다는 생각만으로도 끔찍하다.

게임과 현실의 경계는 점점 흐려질 것

게임 내용이 학습되지 않는다고 주장하는 측은 게임에 등장하는 캐릭터의 만듦새가 허술하고 사람이 아니라는 걸 누구나 알기 때문에 괜찮다고 말한다. 하지만 기술이 발전하면 그래픽은 정교해지고 VR과 같은 기기가 발달하면 실제와 구분할 수 없을 정도로 리얼해질 것이다. 아무리 게임이라지만, 드라마로 제작된 〈웨스트 월드〉처럼 사람과 같은 크기와 겉모습을 가진 로봇에게 총을 쏘고 수시로 겁탈하는 미션이 주어진다면 정말로 플레이어의 성격 변화에 전혀 영향을 주지 않을까.

그동안 나는 게임 안에서 개인의 스트레스와 폭력성이 소비되기 때문에 사회에서 안 좋은 쪽으로 분출될 나쁜 에너지를 상쇄시킨다고 주장해 왔다. 그것은 아케이드 게임인 〈버블보블BUBBLE BOBBLE〉 최종 단계에서 왕이 나타났을 때 거품을 수없이 쏴서 그 안에 가두는 동화적 상상력의 게임에 한한 얘기였다. 과거의 게임들은 그래픽에서 실재감이 떨어졌다. 실재감은 사람의 경험을 결정하는 중요한 요소 중 하나다. 인간은 오감을 통해 실재감을 느끼며 영상, 음향, 물리적 요소가 현실과 비슷해질수록 경험은 더욱 강렬해진다. 게임은 점점 실재감이 높아지는 방향으로 발전하고 있다. VR 기기를 착용하면 실제와 구분할 수 없을 정도로 정교한 그래픽의 게임에서 강아지가 달려올 때 총을 쏴서 죽이는 미션이 주어진다면, 소설 『웨스트 월드』가 그 세계관 그대로 게임으로 출시된다면 나는 게임 안의 폭력성에 대해 다른 주장을 하게 될 것이다.

게임 안에서 폭력성이 소비된다는, 지금까지 펼쳐온 주장과 달리 반대되는 주장이 혼란스럽게 들릴 것이다. 물론 현재 수준의 2D와 VR 게임 수준에서 연령대에 맞게, 윤리적 기준을 준수해서 제작하고 즐긴다면 문제없다. 그러나 기술이 진보해 진짜와 구분이 안 되는 게임 세상이 구현되고, 그 안에서 어린 학생들이 마음대로 폭력을 휘두르게 되는 것은 문제다. "그런 논리라면 스포츠도 문제다."라고 반박할 수도 있다. 그러나 청소년이 종합 격투기를 배운다고 모두가 폭력적으로 변하지는 않는다. 종합 격투기는 '마구잡이 싸움'이 아니라 일정한 규칙이 있는 운동이다. 상업성을 위해 게임 회사들이 종합 격투기가 아닌 마구잡이 싸움을 진짜처럼 만들게 되면 아이는 물론이고 어른에게도 좋지 않은 결과를 초래하게 되니 경계하자는 얘기다.

게임과 현실은 연결돼 있다

게임 인류 레벨 테스트

현실 세계와 게임 세계의 경계가 흐려지고, 미래의 기회는 게임 안에 있으며, 앞선 기업은 게임에 투자한다고 하는데 나의 게임 적응력은 어느 수준일까. 게임 인류 레벨 테스트를 통해 알아보자.

1. 나는 방구차, 오버워치, 롤 중에서 BGM이 확실하게 기억나는 게임이 있다.

2. 나는 비디오 게임기(스위치, 엑스박스, 플레이스테이션 등)를 하나 이상 갖고 있다.

3. 내 돈 주고 게임을 구매하거나, 게임에서 인앱 결제를 해본 적이 있다.

4. 우리 집에는 보드게임이 세 개 이상 있다.

5. 나는 나와 나이 차가 열 살 넘는 이와 게임을 함께 즐긴 경험이 있다.

6. 나는 한 달에 두세 번은 가족과 함께 게임을 즐긴다.

7. TV, 유튜브 등을 통해 e스포츠 중계방송을 찾아서 시청한 적이 있다.

8. 페이커라는 사람의 직업이 무엇인지 알고 있다.

9. 알파벳 N으로 시작하는 우리나라 게임 회사 세 곳의 이름을 바로 댈 수 있다.

10. 가끔은 게임 음악을 찾아서 듣는다.

11. 내가 거주하는 지역의 박물관이 게임을 소장하고 전시하는 것에 적극적으로 동의한다.

12. 취미가 게임이라고 얘기하는 사람을 봐도 이상하다는 생각이 들지 않는다.

13. 물리 수업에 게임을 활용한 교사를 신문에서 접한다면 그 교사를 정말 칭찬해 주고 싶다.

14. 명품 패션업체가 게임을 만들어서 무료로 배포했다는데, 그런 이유가 쉽게 짐작된다.

15. 내가 하는 일, 공부에 게임을 접목해서 해보고 싶은 활동이 있다.

● 당신의 게임 인류 레벨

(Yes라고 답한 개수를 합하면 당신의 게임 인류 레벨을 알 수 있다.)

13~15개 레벨 5 · 게임으로 살아가는 호모 루덴스

10~12개 레벨 4 · 게임을 이해하는 호모 사피엔스

7~9개 레벨 3 · 게임 플레이가 가능한 오스트랄로피테쿠스

4~6개 레벨 2 · 게임을 만지작거리는 유인원

0~3개 레벨 1 · 게임을 기억은 하는 삼엽충

● 게임 처방전

No라고 답한 항목을 Yes로 바꾸는 시도를 해보자. 우선 세계 최대 규모의 전자 게임 소프트웨어 플랫폼인 스팀store.steampowered.com에 접속해 저렴한 게임부터 구매해 즐겨보자. 새로 나온 게임을 구매해 부모님이나 자녀와 함께 해보는 것도 좋다. No가 Yes로 절반 정도만 바뀌어도 대단한 변화다.

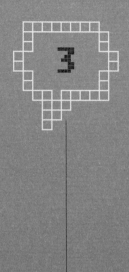

3

게임의 나비 효과

‖ 1 ‖
공부를 못할수록 게임을 권하라

교실의 룰을 바꿀 수 있는 게임

구소련 특허청에서 근무하던 발명가 겐리흐 알트슐러Genrich S. Altshuller
는 창의적 문제 해결 이론인 '트리즈TRIZ'를 정립한다. 그는 수만 건의
특허를 분석하면서 발명에도 보편적인 원리가 존재한다는 사실을 발
견했고, 혁신을 위해서는 보다 새롭고 효율적인 도구가 필요하다고 생
각했다. 이후 50여 년에 걸쳐 전 세계 특허를 분석해 발명의 원리와 유
형을 찾았내 창의적인 사고를 위한 절차를 정립한 것이 트리즈 이론이
다. 주어진 문제에서 얻을 수 있는 가장 이상적인 결과를 정의하고, 그
결과를 얻기 위해 필요한 모순을 찾아낸 다음 해결책을 도출하는 원리,
즉 다르게 보는 힘을 말한다.

　트리즈 이론은 세상을 바꾼 위대한 발견이 발명가 고유의 천재성
에 의해 어느 날 갑자기 탄생한 것이라 여겼던 인식을 누구나 창의적인

사고를 익히고 증진시킬 수 있는 것이라고 바꿔놓았다. 공부도 그럴까.

　한 초등학교에서 학생들이 수업에 집중하지 못하자 선생님은 학생들이 가장 즐거워하는 순간을 수업으로 가져올 수 있는 방법을 고민했다. 그리고 수업에 게임의 형식을 도입했다. 학생들의 집중력이 평소보다 높은 듯했고, 새로운 방식의 수업에 대한 학생들의 의견이 궁금했던 선생님은 아이들에게 소감을 물었다. 놀랍게도 "공부 잘하는 친구와 어울릴 수 있어서 좋았다."는 답변이 많았다. 학교에는 공부 잘하는 그룹, 중간 그룹, 공부 못하는 그룹 사이에 보이지 않는 벽이 존재한다. 성적이 나쁜 학생들은 스스로 특정 그룹에서 자신이 분리되어 있다고 믿는다. 공부 못하는 그룹에 속해 있는 아이는 공부 잘하는 그룹에 속한 친구와 말을 할 레벨이 아니라고 스스로 규정짓는 거다. 그들은 특별한 집단이고 나 따위는 감히 따라갈 수 없다고 생각하는 것이다.

성적의 벽을 허무는 간단한 방법

새로운 것을 익히는 가장 효과적인 방법은 직접 교육이다. 상황이 여의치 않을 때 시뮬레이션으로 경험하게 하고, 다음은 시청각 자료를 이용한 설명을 한다. 우리는 대부분 설명으로 세상을 배운다. 그런데 게임은 직접 경험해 볼 수 있는 세계다. 걱정하는 것처럼 위험하지도, 많은 비용이 들지도 않는다.

　게임은 성적으로 서열이 매겨진 교실과는 작동 방식이 다르다. 대부분의 게임은 특정 플레이어에게 유리하게 설계하지 않는다. 따라서 골고루 비슷한 성적을 낼 수 있다. 나는 게임의 형식을 수업에 도입하는 것에 적극 찬성한다. 게임하듯 공부를 하다 보면 아이들 사이에 친밀감이 형성되고, 게임이나 공부 외에 다른 이야기를 나누게 된다. 한 사람이 특별히 잘하는 게 아니라 돌아가면서 승리하게 되므로 공부 못하는 아이도 자신이 잘하는 것이 있음을 깨닫고 자존감을 충전할 수 있다. 공부 잘하는 아이가 게임에서 졌다고 해서 분하거나 억울해하는 경우는 거의 없다. 오히려 성적이 낮은 아이가 성적이 좋은 친구가 특별한 존재가 아니라는 것을 깨닫고 자신감을 회복하게 된다. 성적으로 분리되어 있던 두 그룹의 아이들이 게임을 하면서 서로 가까워지고 친해진 후에는 공부에 대한 도움을 주고받기도 수월해진다. 공부를 못할수록 아이에게 게임을 권해야 하는 이유다.

성적 1등만 기억하는 세상은 그만

'라떼는' 얘기를 조금 더 보태자면, 중학교 2학년 때의 담임 선생님은 종종 "너희들은 노는 시간이 너무 부족해."라며 자유 시간을 주시곤 했다. 운동장에서 축구를 해도 되고 음악실에서 악기를 만져도 괜찮았다. 당시에는 몰랐지만 이제 와 생각해 보면 담임 선생님이 그렇게 노는 시간을 주셨을 때 학생들 사이에 공부로 인한 벽이 사라졌던 것 같다. 친해지고 나면 공부를 함께 하거나 모르는 문제를 묻기도 편했다. 당시에도 알게 모르게 같은 반 친구들도 성적에 따라 혹은 다른 무언가에 따라 상하 관계가 형성되어 있었는데, 놀이가 그 수직적인 관계를 수평으로 재조정하는 효과가 있었다.

어른들이 아이들에게 저지른 커다란 잘못 중 하나는 친구들을 공부로 판가름하도록 만들었다는 점이다. 공부로 1등, 착한 것으로 1등, 게임 잘하는 것으로 1등, 그림 잘 그리는 것으로 1등, 운동으로 1등 등 판단 기준이 매우 다양함에도 학교에서는 공부 위주로 서열이 정해진다. 잘하는 것이 다 다를 뿐이라는 얘기를 해주는 어른도 없다. 교실 안에서 성적만으로 평가하지 말고 '잘하는 것이 다르다.'는 프레임을 아이들에게 나눠줘야 한다. 그래야 공부를 못했던 아이라도 자신감을 가지고 자기 인생을 살 수 있고, 공부 잘했던 아이도 편향된 엘리트 의식으로 타인을 지배하려는 생각을 버릴 수 있다.

성적이 좋아도 불행하다면 위험한 상태

공부를 잘한다고 해서 게임을 안 하는 것은 아니다. 공부 잘하는 아이들은 공통적으로 에너지 레벨이 높다. 그래야 많은 양의 공부를 할 수 있다. 공부하고 난 후의 감정은 두 가지로 갈린다. 불쾌감을 느끼는 아이가 있고 행복감을 느끼는 아이가 있다. 이러한 아이의 감정 상태를 부모가 눈치채지 못하는 경우가 꽤 많다. 공부를 잘하면서 행복한 아이들은 문제가 없다. 그러나 전교 1~2등을 다투면서도 먹구름을 몰고 다

공부를 못할수록 게임을 권하라

니는 아이는 조금 위험하다. 에너지 레벨이 높아 공부를 많이 하기 때문에 성적은 상위권인데, 자칫 변수가 생겨 에너지 레벨이 낮아지게 되면 문제가 발생한다. 다 그만두고 싶은 마음, 탈진하는 것이다.

인간은 탈진하면 본능적으로 도피처를 찾는다. 그 도피처는 종종 게임이 되곤 한다. 접근성이 좋기 때문이다. 나쁜 경우는 술이나 담배를 하고, 최악의 경우는 가출을 하거나 비행을 저지르기도 한다. 그 사이 아이의 감정 상태 변화를 전혀 눈치채지 못한 부모는 게임 탓을 한다. 게임 때문에 아이의 성적이 떨어졌다고. 게임을 탓하기 전에 아이의 인간관계가 바뀐 게 아닌지 체크해 봐야 한다. 중요한 것은 아이가 공부를 잘하는 것이 아니라 행복한 감정을 가지고 있느냐다. 부모님이 강요하고 감시해서 어쩔 수 없이 자신의 모든 에너지를 공부에 쏟는 중이라면 위험한 상황일 수 있다.

게임하지 않는 아이는 이미 행복한 상태

종종 "우리 아이는 게임을 하지 않는다."는 부모를 만나기도 한다. 진실은 무엇일까. 부모가 아이를 너무 모르거나 게임 외에 더 재미있는 취미가 있거나, 둘 중 하나다. 수많은 게임을 해봤지만 흥미로운 게임을 하나도 발견하지 못했다는 건 있을 수 없는 일이다. 게임 회사들이 그렇게 만만하지 않다. 세상에는 수많은 게임 회사가 있고, 정말 다양한 게임이 출시돼 있다. 극단적인 마이너 취향이라서 모두가 좋아하는 게임을 좋아하지 않더라도 다양한 게임을 접하다 보면 한두 가지는 흥미가 당기게 마련이다. 만약 수백 개의 게임을 해봤지만 전혀 흥미를 느끼지 못했다면 오히려 위험한 상태일 수 있다. 아이가 우울감에 빠져 아무것도 하고 싶지 않은 상태가 아닌지 살펴야 한다. 아니라면 게임보다 더 재미있는 무언가를 찾았을 가능성이 크다. 아이돌 가수를 좋아할 수도 있고, 음악이나 미술, 운동의 매력에 빠졌을 수도 있다. 물론 아주 불량한 일에 빠졌을 수도 있고.

드물게 친구들과 함께 이런저런 게임을 해봤지만 별다른 흥미를 느끼지 못했다는 아이를 만나기도 한다. 나는 그 아이들에게 묻는다. 쉴 때 무엇을 하느냐고. 아이는 그림을 그리거나 기타를 친다고 답한다. 음악가나 화가가 되는 것이 꿈이냐고 물으면 그냥 재미있어서 하는 거라는 답이 돌아온다. 특별한 목적성 없이 재미에서 행복을 찾는 아이들, 그들이 이상한 게 아니다. 그들은 프리드리히 폰 실러Friedrich von Schiller가 얘기한 인간 본연의 자유로운 아름다움을 추구하는 멋진 아이들이다. 멋진 아이들의 행복감을 지켜주는 것은 우리 어른의 몫이다. 보다 많은 아이가 행복에 빠져 살아가면 좋겠다.

공부를 못할수록 게임을 권하라

‖ 2 ‖
게임이 보상이 되어서는 안 된다

공부를 지속하게 만드는 것은 동기 부여

교육 전문 기업과 스마트 북 개발 프로젝트에 참여한 적이 있다. 그 기업은 미리 설계한 내용을 가지고 내게 의견을 물어 왔다. 기업에서는 스테디셀러인 동화책과 음악, 한문 자료를 스마트 북에 넣고 싶어 했다. 하지만 이는 종이 책과 같은 구조다. 처음에는 전자책이라는 신기한 매체를 반기겠지만 흥미가 떨어질 수밖에 없다. 일정량의 공부를 하고 나면 보상으로 10분 동안 게임을 할 수 있다는 메시지도 스마트 북 안에 심어놨다. 아이들이 게임을 하고 싶어 공부를 열심히 할 것이라는 계산을 했겠지만, 완전히 잘못된 설계다.

아이들을 계속 공부하게 만드는 핵심은 '동기' 부여다. 동기에는 내재적인 것과 외재적인 것이 있다. 내재적 동기는 순수한 호기심이나 마음속에서 끓어오르는 열정 같은 것을 말하고, 외재적 동기는 누군가의 인정과 급여 같은 보상이 따르는 것을 말한다. "정해진 분량의 공부를 마치면 게임을 할 수 있게 해주겠다."는 말에는 공부는 힘든 것이고, 그것을 견뎌내면 외재적 보상으로 게임을 할 수 있게 허락하겠다는 메시지가 담겨 있다. 이런 식의 프레임에 익숙해지면 원래 책 읽기를 좋아하던 아이들도 게임할 시간을 주지 않으면 책을 읽지 않게 된다. 이것을 과잉 정당화 효과overjustification effect라고 한다.

게임이 보상이 되어서는 안 된다

1970년대에 비슷한 실험을 했다. 아이들에게 그림을 다 그리면 사탕을 하나씩 주는 실험이었다. 어느 순간부터 그림을 다 그려도 사탕을 주지 않자 원래 그림 그리는 것을 좋아하던 아이들도 더 이상 그림을 그리지 않게 됐다. 보상으로 사탕이 주어지면서 그림이 좋아서 그렸던 것이 아니고 사탕을 받기 위해 그림을 그렸던 것으로 사고 구조가 바뀐 것이다. 게임이 근원적인 흥미를 끌어야지 외재적 보상이 되어서는 안 된다는 것이 게임 디자인의 원칙이다. 게임이 외재적 보상이 되는 순간, 놀이와 교육 모두 망치기 십상이다.

"문제집 열 장 풀면 한 시간 동안 게임하게 해줄게.", "학원 안 가면 오늘 게임 시간은 없어."처럼 갈망의 대상과 회피의 대상을 묶어서 제안하는 경우가 많다. 이것이 반복되면 아이는 '게임=좋은 것, 공부=나쁜 것'으로 인식하고, 결국 공부란 게임을 방해하는 짜증 나는 것이 되

게임이 보상이 되어서는 안 된다

어버린다. 게임을 못 하게 된 분노가 고스란히 공부를 향하게 된다. 시간이 지날수록 게임을 더욱 갈망하고 공부를 더욱 싫어하게 될 것이다.

학년이 높아질수록 해야 할 공부가 많으니 공부 시간은 점점 늘고, 게임 시간은 점점 줄어든다. 아이들은 자신이 나이가 들고 학습 능력이 향상됐다고 생각하는 것이 아니라 게임과 공부를 묶어서 두 가지 조건 사이에 불균형이 생겼다는 것에 불만을 갖게 된다. 왜 점점 보상이 줄고 미션만 증가하는 건지 아이들은 이해할 수가 없다. 그러다 보면 1970년대 했던 실험처럼, 고학년이 되어 게임 시간이 사라진다면 공부를 아예 안 하게 될 수도 있다.

직장인의 동기 부여는 일의 가치

성인이라면 회사에서 비슷한 것을 경험해 봤을 것이다. "이번 프로젝트만 잘 마치면 보너스 줄게.", "힘들겠지만 파견 근무 3년만 다녀오면 승진시켜줄게."처럼 성과에 대한 보상을 돈이나 승진으로 제시하는 경우가 많다. 여기에는 중요한 단계가 생략돼 있다. 어려운 프로젝트를 성공적으로 해냈을 때 얼마나 성장하게 될 것인지, 해당 일이 가족이나 지인과 떨어져 무려 3년이나 낯선 곳에서 임무를 수행할 정도로 가치 있는 일인지에 대한 설명이 빠져 있다. 성과급이나 승진은 개인이 얻을 수 있는 여러 가지 결과 중 하나일 뿐이다. 중간 단계를 생략하는 이유는 간단하다. 복잡하기 때문이다. 그래서 사람들이 좋아할 거라 여기는 보상만 가지고 거래를 하려는 것이다. 개인은 중간에 생략된 큰 가치를 망각하기 쉽고, 일하는 이유를 승진이나 월급에서 찾게 된다. 중요한 것은 내가 지금 하고 있는 일의 가치다. 관리자들은 이러한 가치에 대해 구성원들에게 설명해 줄 의무가 있다.

설득의 프레임을 바꾸라

마찬가지로 게임을 공부의 보상으로 줄 것이 아니라 공부의 가치에 대해 얘기해 줘야 한다. 공부해야 하는 이유에 대해 보통은 "공부 잘하면 훌륭한 사람이 된다."는 프레임으로 접근한다. 훌륭한 사람이 되려면 좋은 대학을 졸업하고, 좋은 직장에 취직해야 한다. 틀린 말은 아니다. 다만 부모의 욕망이 투영된 문장일 뿐 아이들의 입장에서 공부 잘하는 것이 구체적으로 어떻게 좋은 것인지에 대해서는 빠져 있다. 이 공부가 네가 앞으로 하고 싶은 일, 네가 살아가는 세상에 어떤 긍정적인 영향을 줄 수 있는지를 부모님들은 긴 호흡으로 이야기해 줘야 한다.

　만약 아이가 수학 공부를 해야 할 필요가 있다고 느꼈다면 "수학을 잘해야 서울대에 가서 의사가 될 수가 있다."는 프레임을 버리고, 수학이 실생활에서 어떻게 쓰이는지 설명해 주는 것이 좋다. 세상을 바꾼 수학자 이야기도 좋고, 실제로 부모가 학창 시절에 배운 수학을 어떻게 활용하고 있는지 현실적인 얘기를 해줘도 괜찮다. 아이의 꿈이 악당을 무찌른 게임 속 주인공처럼 영웅이 되는 거라면, 아이가 영웅이 되면 앞으로 세상을 어떻게 바꿀 수 있는지에 대해 얘기하자. 아주 가까운 미래의 변화나 아주 먼 미래의 가치에 대해서도 말해 줄 필요가 있다. 공부를 해야 하는 이유에 대한 설득의 프레임을 바꿀 필요가 있다.

‖ 3 ‖
‘개취’ 존중, 독서가 여가라니요

아이들에게 독서는 공부의 연장

하라는 공부는 안 하고 놀고 있는 아이들을 보면 부모는 애써 눌러왔던 분노 게이지가 올라간다. 최악은 게임하면서 노는 것. 아이들이 틈만 나면 게임을 하는 건지, 게임할 때마다 부모에게 들키는 건지 헷갈릴 정도다. 집집마다 게임이 부모와 아이 사이를 동아프리카 지구대처럼 갈라놓고 있다. 과연 부모는 아이들이 무엇을 하면서 여가 시간을 보내기를 바랄까. 놀랍게도 적잖은 이들이 ‘독서’가 취미였으면 좋겠다고 답한다.

입장 바꿔 생각해 보자. 회사에서 온갖 스트레스를 받고 온 부모는 친구와의 수다로 스트레스를 풀면서 왜 아이들에게는 공부 스트레스를 독서로 풀라고 하는 걸까. 독서가 여가를 즐기기에 나쁜 도구라는 말이 아니다. 문제는 "책은 내가 골라줄 테니 너는 읽기만 해."와 같은 부모의 태도에 있다. 독서를 하더라도 아이들은 재미있는 웹툰을 보고 싶은데, 부모는 두꺼운 권장 도서를 사주고 읽기를 강요한다. 주말에 밀린 드라마 보고 싶은데, 자녀가 셰익스피어의 4대 비극이나 사서삼 경을 건네며 "책 읽으면서 쉬세요."라고 하면 기분이 어떻겠는가. 그 황당함이 "책 보면서 쉬라."는 말을 들었을 때 아이들이 느끼는 감정이다.

여가 시간은 자신이 원하는 것을 하면서 보내야 한다. 물론 좋아한다고 해서 모든 여가 시간에 게임만 하는 것도 문제다. 내 아이를 게임밖에 할 게 없는 아이로 만들기 싫다면, 부모는 게임 외에 아이가 좋아할 만한 놀거리를 함께 찾아주어야 한다. 게임의 구조인 '미션-피드백-리워드'에서 아이가 미션을 선택할 수 있도록 다양하게 제시해 주라는 얘기다.

세상에는 나쁜 책도 많다

책은 안전한 매체일까. 게임에 비해 역사가 훨씬 오래된 매체이니 불건전한 게임보다 불건전한 서적의 수가 훨씬 많을 것이다. 나이를 속일 수 있다면 온라인 서점을 통해 나쁜 책을 쉽게 구할 수 있고, 인터넷 커뮤니티를 통해서도 쉽게 접할 수 있다. 절대적인 안전지대는 존재하지 않는다. 책도 게임과 마찬가지로 좋은 것과 나쁜 것이 공존한다.

직장인을 대상으로 '리더십을 어디서 배웠나?'라는 온라인 설문을 진행한 적이 있다. 리더십 관련 서적, 리더십 수업, 리더십 워크숍 등 10

개의 선택지를 제시했다. 결과는 직장에서 만났던 좋은 리더와 직장에서 만났던 최악의 리더, 그리고 직장에서 리더 역할을 수행하면서, 친구들과의 관계 순서로 나타났다. 책이나 수업이 아닌 경험을 통해 리더십을 배웠다고 답한 사람이 훨씬 많았다.

사람은 경험을 통해 배우고 성장한다. 책이 기초 지식을 전달하는 데 가장 효과적인 매체임에는 이견이 없다. 하지만 게임은 경험을 증가시키는 매체다. 게임 형태의 경험은 소프트 스킬, 태도, 철학 전달에 훨씬 효과적이다. 공부는 책으로만 하는 게 아니다. 게임을 교육에 적극 활용할 것을 주장하는 이유도 여기에 있다. 게임은 직접 경험에 가까운 시뮬레이션이나 역할 놀이가 가능하기 때문이다.

독서와 놀이의 분산 투자

부모는 왜 책 읽는 아이를 자랑스러워할까. 아마도 자신이 학습했던 것에 세뇌되었을 가능성이 높다. 어려서부터 공부를 잘해야 성공할 수 있고, 성공해야 잘산다는 프레임을 수없이 접했을 것이다. 성공하려면 공부를 해야 하고, 오랫동안 공부를 책과 동일시해 왔기에 고착화된 사고방식이다. 책을 읽지 말라는 얘기가 아니다. 책만 가지고 노는 것이 결코 건강하지 않다는 것이다.

독서를 하면 상상력이 풍부해진다고 한다. 영화나 드라마와 같은 영상 매체는 생각의 여백이 적어 상상력을 제한하는 반면 책은 행간에

'개취' 존중, 독서가 여가라니요

담긴 의미를 머릿속에서 이미지화시키며 읽기 때문에 독자마다 각기 다른 상상의 세계를 구축할 수 있다는 이유에서다. 반은 맞고 반은 틀린 얘기다.

상상력에 대한 재미있는 실험이 있다. 한 사람은 누군가가 밀어주는 휠체어에 앉아 바깥을 구경하고, 한 사람은 집 안에서 벽을 보며 러닝머신을 뛰게 했다. 과연 누구의 상상력이 더 좋아졌을까. 뜻밖에도 후자가 더 좋았다. 인체에서 뇌가 차지하는 부피는 매우 작지만, 몸을 움직일수록 뇌는 활성화된다. 휠체어라는 조건은 몸을 사용하지 못하도록 제한한 것. 실험을 통해 가만히 앉아 시각적인 정보만 얻는 것보다 시각 정보는 없지만 몸을 움직였을 뇌가 더 활성화한다는 것을 알았다. 부모가 골라주는 책만 읽는 것은 아이를 휠체어에 앉혀 놓고 밀어주는 것과 마찬가지다. 아이의 상상력을 키워주고 싶다면 놀이도 할 수 있는 환경을 만들어주어야 한다.

책도 읽고 게임도 하면 좋겠지만, 게임이 훨씬 자극적이고 직관적이다 보니 아이가 게임에 노출되는 순간 책 읽기를 싫어하는 경우가 왕왕 발생한다. 이럴 때 '좋은 게임'을 찾아주는 것도 부모의 몫이다. 〈오페라의 유령〉, 〈지킬 앤 하이드〉처럼 동명의 소설을 원작으로 개발한 모바일 게임이 있다. 이런 게임을 하다 보면 자연스럽게 소설에도 관심이 생기고, 관심이 호기심으로 발전되면 아이 스스로 책을 찾아 읽게 된다.

부모와 함께 놀 때 행복한 아이들

게임을 연구하면서 다양한 루트로 다양한 계층의 사람들을 만나왔는데, 실제로 게임에 대해 가장 부정적인 인식을 갖고 있는 이들은 게임을 전혀 하지 않는 사람이었다. 혹시 스스로 게임을 중요하지 않은 세계라 치부하고 마음을 닫아버린 적은 없는지 생각해 보자. 아이가 게임에 중독될까 봐 걱정이라는 부모들과 상담을 할 때마다 아이와 함께 게임해 본 적이 있는지 묻는다. 대다수는 "나는 게임이 싫다."고 답한다. 함정이 있다. 겉으로 말하는 감정이 자신의 진짜 감정이 아닌 경우가 있다. 일종의 자기 보호인데, '게임이 싫다.'는 감정을 자세히 들여다보면 두려움의 표현인 경우가 많다. 낯설기 때문에 두려운 것이다. 두려움은 부끄러움의 감정이기에, 자신의 나약함을 인정하기 싫은 이들은 이를 '취향의 문제'로 바꿔 '싫다'고 답한다. 아이가 게임에 빠지지 않도록 예방하는 가장 좋은 방법도 부모가 함께 게임을 즐기는 것이다.

핀란드에서는 정부 주최로 매년 여름마다 '어셈블리 페스티벌 Assembly Festival'을 개최한다. 다 같이 모여 하고 싶은 게임을 하며 시간을 보내는 축제인데, 하이라이트는 부모가 자녀의 코치를 받아 게임 대회에 출전하는 '부모 게임 대회'다. 우리나라에서는 낯선 광경이지만, 게임을 놀이 문화로 인식하는 핀란드에서는 자연스러운 일이다. 디지털 네이티브인 아이들에게 게임은 취미라기보다 일상이다. 방송은 TV로 보는 것보다 모바일 OTTOver The Top: 인터넷으로 영화, 드라마 등 각종 영상을 제공하는 서비스가 익숙하고, 만화책보다 웹툰이 익숙하다. 운동장에 모여서 노는 것보다 모바일 게임을 함께하는 게 더 즐거울지도 모른다. 이런 거대한 흐름을 거부하고 거스르려 하지만 말고 먼저 부딪혀볼 것을 권한다. 아이와 게임을 분리시키는 것이 아니라 아이가 게임을 바르게 할 수 있도록 지도하는 것이 부모의 역할이다.

게임은 동료 학습 효과가 크다. 친구 10명이 특정 게임을 한다면 유행처럼 나도 해야 하는 것으로 인지한다. 부모도 교사도 게임은 대화의 소재가 아니기 때문에 더욱 또래들끼리 주고받는 정보에 민감할 수밖에 없다. "아이와 함께 게임을 즐기라."는 말이 조금 부담스럽더라도 시도해 볼 것을 권한다. 책을 읽은 후 독서 노트를 작성하거나 책의 내용에 대해 대화를 나누듯 자녀와 게임에 대한 얘기를 나누게 될 것이다. 그래야 게임 연령을 무시한 자극적인 스토리나 그래픽, 광고로부터 자녀를 보호할 수 있다. 직접 플레이하기가 어렵다면 유튜브, 트위치 등을 통해 게임 방송을 보는 것도 괜찮다.

먼저 바뀌어야 할 교실의 구조

1800년대 초반 독일에 설립된 대학이 현대 대학의 모체이니 현대 교육의 역사는 겨우 200년 남짓이다. 당시 교육의 형태가 오늘날의 교실에 그대로 남아 있다. 교실 맨 앞에 칠판을 두고 칠판 앞에 한 명의 교사가 선 다음 학생들은 교사를 바라보며 앉아 있는 형태. 이런 교실 배열은 한 사람이 많은 이에게 지식을 일방적으로 전달하는 구조다. 효율성을 최고 가치로 여겼던 산업 혁명 시대의 산물이기도 하다.

시간을 거슬러 고대 그리스로 돌아가보자. 광장에 앉아 토론하는 당시의 교육 현장에서 교사와 학생을 구분하기란 쉽지 않다. 조선 시대의 교육 현장도 마찬가지다. 세종 대왕은 종종 경연을 펼쳤다. 왕이 교사가 되어 서책을 읽어 오는 미션을 주고, 특정 주제에 대해 집단 토론을 벌였다. 경연은 지위 고하에 관계없이 평등한 입장에서 치러졌다. 왕의 의견이라는 이유로 이견을 가지고 있음에도 반박하지 않는 학생들에게는 벌칙이 주어졌을 정도다. 당시를 생각하면 지금의 학교가 오히려 퇴보했다는 인상을 지울 수 없다. 지금은 4차 산업 혁명이 진행 중이다. 시대에 맞는 새로운 인재상으로 창조적 인재를 이야기하면서 200년 전 교실 형태를 고수한다는 것이 못내 아쉽다.

‖ 4 ‖
게임의 나비 효과

교과서 밖에서 놀면서 배운 것들

독일의 시인이자 극작가인 프리드리히 폰 실러는 『인간의 미적 교육에 대한 편지』에서 "인간은 여러 가지 육체적·물질적 욕망과 이성적·도덕적 욕망을 동시에 갖고 있다."고 말했다. 이데아적인 것과 본능적인 것을 동시에 지니고 있는 인간이 두 가지를 조화시킬 수 있는 장치가 바로 '목적 없는 놀이'라는 것. 놀면서 나의 본연을 찾고, 이를 바탕으로 본능을 제어하는 것도 놀이이며, 현실적이면서도 이상적인 것을 추구하려는 마음도 놀이가 제어해 준다는 것이다. 놀이는 우리에게 휴식이라는 목적이지만, 진정한 인간이 되기 위한 하나의 수단이 되기도 한다.

일본어를 잘하는 친구가 있다. 여행 일본어는 물론이고 자막 없이 드라마를 보거나 만화책을 읽을 수 있을 정도니 친구들 사이에서는 '일본어 능력자'로 통한다. 그 친구가 일본어를 배우게 된 경로가 재미

있다. 그의 일본어 교과서는 만화책이었다. 합법적인 루트로 일본 대중 문화가 국내에 유통되기 시작한 것이 1998년의 일이니 우리들의 학창 시절에는 일본 만화책을 구하려면 서울 청계천 헌책방 거리를 쏘다녀야 했다. 그곳에서 구한 책은 정식 수입 버전이 아니라 번역도 되지 않았다. 좋아하는 만화의 내용을 이해하기 위해 시작한 공부가 결국 그를 '언어 능력자'로 만들어준 셈이다. 게임도 마찬가지다. 언어를 모르더라도 마니아들은 한글화되지 않은 일본이나 미국의 게임을 거침없이 즐긴다. 그들이 좋아하는 게임을 완벽하게 이해하기 위해 노력하다 보면 언어 실력이 향상되기도 한다.

대학 진학이 목표가 아니라 무사 졸업이 목표인 고등학교가 있다. 학교 안팎에서 사건 사고가 끊이질 않고, 교사는 공부를 가르치기보다 학생들의 사고 뒷수습을 하는 데 더 많은 시간을 할애하곤 했다. 공부에 관심이 없으니 학업 성취도도 낮은 편이었다. 그 학교에서 강연을 한 적이 있다. 신기하게도 '딜리트delete', '커맨드command', '리스타트restart', '제너럴general' 같은 몇몇 영어 단어를 전교생이 모두 알고 있었다. 게임에 자주 등장하는 용어다. 어떻게 하면 학생들이 공부를 좋아하게 만들 수 있을까 고민하던 한 교사가 '게임 용어 사전'을 제작했다. 게임에 나오는 영어 단어만 모아서 단어장을 만들고, 단어의 뜻과 함께 그 단어가 등장하는 게임 해설을 덧붙였다. 학생들의 호응이 매우 좋았다고 한다. 게임과 엮이는 순간 외워야 할 영어 단어장은 취미 생활에 필요한 설명서로 변했다.

복잡한 공부의 진입 장벽을 낮춰주는 게임

공부는 눈덩이를 굴리는 것과 같다. 어떤 이유로 공부를 시작했든 기본기가 갖춰지면 다음 단계로 나아가기가 쉬워진다. 내가 교육에 게임을 활용하는 것도 그 때문이다. 강의하는 과목 중에 '경제성 공학'은 학생들이 싫어하는 것 중 하나다. 이자율이나 수익률을 계산하는 데 쓰이는 건데, 일종의 수열이다. 학기가 시작되고 첫 번째 강의에서 나는 학생들이 수열을 배워야 하는 당위성을 설파했지만, 학생들의 반응은 미지근했다. 학생들은 "대체 공대생이 이걸 왜 배워야 하느냐?"고 되물었다. 몇 번인가 실패를 경험한 뒤에 수업 방식을 바꿨다. 요즘 '경제성 공학'의 첫 강의는 말이 아닌 게임으로 시작한다. 돈과 관련된 게임을 하다 보면 수열의 기본 개념을 자연스럽게 이해하게 된다. 이해가 되면 궁금한 것이 많아지면서 학습 과정에 관심을 갖게 된다. 사람들이 무언가를 싫어하는 이유 중 하나는 너무 모르기 때문이다. 조금만 알고 나면 관심이 생길 수밖에 없다.

나와 반대 입장에 서 있는 교육학자들도 있다. 교육학은 학습을 일으키려면 왜 배워야 하는지 학습의 의미를 설명하고, 의미를 이해할 수 있어야 몰입이 된다는 주장이다. 그런데 의미를 설명해 주는 게 정말 어렵다. 나는 학력고사 세대인데, 틀린 문제의 절반이 국사에서 나왔다. 학창 시절에 나는 국사를 극도로 싫어했다. 외워야 할 게 너무 많았다. 진도는 빨랐고, 외워야 하는 이유는 알 수 없었다. 선생님께 이걸 왜 배워야 하느냐고 물었더니 외려 반항한다고 혼났다. 지금은 그렇게 생각하지 않지만, 당시에는 어린 마음에 이 지나간 죽은 사람들의 이야기가 나의 삶에 무슨 도움이 되는지 도저히 이해할 수 없었다. 만약에 그때 내가 지금만큼만 국사를 배워야 할 이유에 대해 이해했더라면 시험 점수는 훨씬 좋았을 것이다.

학습의 의미를 학생들과 공유하는 것은 학습 효과와도 직결되기 때문에 매우 중요하다. 하지만 학생들이 어릴수록 의미를 제대로 전달하기가 힘들다. 이런 경우에 게임은 어려운 주제에 대한 몰입도를 높이는 유용한 툴이 되어준다.

강원대 산업공학과와 과학교육학부 연구팀은 2018년 게이미피케이션 콘텐츠를 활용한 과학 수업이 학습자의 학습 동기에 긍정적인 영향을 미치는지 알아보기 위해 공동으로 실험을 진행했다. 〈사이언스 레벨업Science Level Up〉이라는 과학 교육 게임 콘텐츠를 가지고 진행하는 실험에 초등학생 170명과 중학생 111명이 참여했다. 그 결과 게이미피케이션 콘텐츠를 교육 환경에서 적용했을 때 학습자의 학습 흥미 자극, 새로운 학습 환경에 대한 경험이 학습자의 동기를 자극해 동기가 향상된 것을 확인할 수 있었다. 전달 방식을 변화시키자 학습 동기가 자극됐고, 자발적 학습에 영향을 미친 것으로 풀이된다.

놀면서 미래를 꿈꾸게 하는 게임

게임을 교육에 활용하는 이유는 몰입도가 높아 평소보다 좋은 학습 효과를 기대할 수 있다는 점도 있지만, 게임을 통해 사회를 미리 체험해 볼 수 있기 때문이기도 하다. 〈타이쿤Tycoon〉은 게임의 한 장르로 보통 경영 전략 시뮬레이션 게임을 말한다. 〈타이쿤〉 게임 안에는 다양한 직업의 세계가 있다. 게임 안에서 건물을 짓거나 장사를 한다. 카페나 음식점, 야구팀, 테마파크를 운영하기도 한다. 부동산의 개념을 익힐 수도 있고, 주식 모의 투자도 할 수 있다. 이 경우 게임은 현실 세계보다 훨씬 안전하다.

나처럼 〈어쌔신 크리드Assassin's Creed〉를 플레이하다가 중세 시대를 멋지게 재현해 낸 그래픽에 반해 건축을 전공하고 싶은 아이도 있을 것이다. 성인인 나도 전공을 바꿔야 하나 심각하게 고민했을 정도로 〈어쌔신 크리드〉의 그래픽은 매력적이다. 워낙 고증이 잘되어 있어 게임을 하다 보면 그 시대를 여행하는 듯한 기분이 든다. 미션 수행은 뒷전이고, 타임머신을 타고 중세 유럽으로 돌아가 관광객 모드로 게임을 즐겼다. 실제로 게임 회사는 설득력 있는 스토리와 실재감 있는 그래픽을 구현하기 위해 역사 고증에도 많은 노력을 기울인다.

2019년 노트르담 대성당 지붕에서 불이 나 첨탑과 그 주변이 모두 무너졌을 때 〈어쌔신 크리드〉의 개발사인 유비소프트Ubisoft에 도움을 청하면 된다는 말이 있었다. 게임 구현이 워낙 뛰어났기 때문이다. 실제로 3D 스캔 자료를 넘겼는지는 알 수 없지만, 프랑스의 대표적인 게임 회사인 유비소프트는 당시 노트르담 성당 측에 50만 유로를 기부하고 프랑스 대혁명 시대를 구현한 〈어쌔신 크리드-유니티〉를 무료로 배포했다.

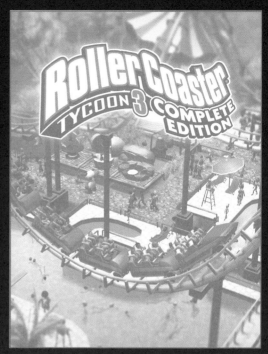

© frontier.co.uk

© 구글플레이

<타이쿤>은 경제적인 활동을 통해 무언가를 경영해 나가는
데 초점을 맞춘 경영 시뮬레이션 장르의 게임을 말한다.

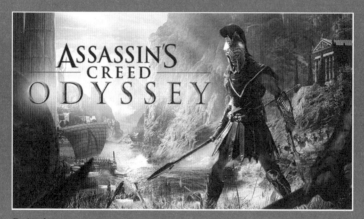

© ubisoft.com

고증이 잘된 게임 <어쌔신 크리드>는 타임머신을
타고 중세 유럽으로 돌아간 듯한 기분이 든다.

〈어쌔신 크리드〉는 좋은 게임이지만 아이들이 즐기기엔 잔인한 부분이 많다. 아이에게 권해 주고 싶다면 게임 주체인 암살자를 여행자로 바꾼 버전인 디스커버리 모드를 구입하는 게 좋다.

게임 리터러시, 과거와 달라진 인재의 조건

미래에는 인공 지능과 함께 살아야 할 것이다. 이에 따라 인재 요건도 달라졌다. 외국어를 익히듯 기계와 대화하는 언어를 익히고, 기계를 컨트롤하거나 제작할 수 있도록 인공 지능과 프로그래밍에 대해서도 잘 알아야 한다. 게임은 지루하지 않게 이 모든 것을 배울 수 있는 훌륭한 학습 툴이다. 샌드박스 형식의 비디오 게임인 〈마인크래프트Minecraft〉는 말 그대로 채광mine하고 제작craft하는 게임이다. 블록으로 이뤄진 세계에서 집을 짓고 도시를 건설하며, 농사를 짓거나 사냥을 할 수 있다. 건물을 세우는 과정은 '레고LEGO' 블록과 다르지 않다. 문제는 블록을 쌓는 데 시간이 너무 오래 걸린다는 점이다. 작은 오두막은 괜찮지만, 커다란 성을 짓고 성벽을 쌓아야 할 때는 같은 작업을 수없이 반복해야 하기 때문에 조금 지루할 수 있다. 이때 〈마인크래프트〉 내의 코드 빌더를 이용하면 자동으로 벽돌을 쌓을 수 있다. 이 과정에서 자연스럽게 프로그래밍 언어를 익힌다면 일부러 학원에 다니지 않아도 된다.

게임 리터러시game literacy는 폭넓게 해석되는데, 그중 한 가지는 게임의 표면적인 내용만 파악하는 것이 아니라 게임이 담고 있는 문화적 의미를 이해하고 새로운 가치를 창출하는 활동을 포함한다. 게임을 통해 세상을 읽고, 세상을 통해 게임을 들여다본다는 것을 의미하기도 한다. '게임을 읽는다.'는 것은 곧 '게임을 소비한다.'는 의미다. 게임 리터러시는 역사가 짧고, 관련 교육 프로그램의 개발도 미흡한 편이다.

우리나라의 경우에는 문화체육관광부에서 주관하고 있는데, 실제 교육 현장에서는 활용도가 낮은 듯하다. 지난 3년 동안 게임 리터러시가 교육 현장에서 어떻게 활용되고 있는지 영상으로 촬영해 한국콘텐츠진흥원 홈페이지gschool.or.kr에 공유해 왔다. 교사라면 누구든 열람이 가능하다. 해당 사이트를 교사들에게 보여주면 "왜 이렇게 좋은 영상을 만들고 홍보하지 않느냐?"고 되묻는다. 공문으로 전달받았겠지만 중요도가 낮다고 판단해 뒤로 미뤄뒀다가 잊었을 가능성이 크다.

독서 토론 하듯이 게임 토론 하는 날이 오길

아이들과 상담하면서 물은 적이 있다. "게임 속에서 적이 나오면 총을 쏴서 죽이는데 그 적이 어디서 온 걸까?", "왜 그 적이 너를 공격했다고 생각하니?" 등등. 대부분의 아이들은 답을 하지 못한다. 거기까지 생각해 본 적이 없기 때문이다. 물론 게임 안에는 스토리가 있지만, 지루한 스토리보다 화려한 액션이 더 중요해 스킵하기 때문에 스토리를 기억하지 못하는 것이다. 성숙한 게임 유저가 되기 위해서는 그 액션 너머의

게임계의 레고 <마인크래프트>. 블록으로 이루어진 세계에 살면서 집을
짓고 사냥하고, 농사를 짓는 것은 물론, 직접 게임을 제작할 수도 있다.

이야기에 대해서도 생각해 봐야 한다. 함께 게임을 즐기며 현실에서 비슷한 상황이 발생한다면 어떻게 하겠느냐고 묻는 어른도 필요하다. 게임을 하는 것으로 끝내지 않고 아이가 게임의 내용을 통해 무언가를 생각할 수 있도록 학교나 가정에서 지도해 줘야 한다는 얘기다.

다른 매체, 특히 책 같은 경우에는 읽은 후 내용에 대해 학교나 가정에서 이야기를 나눈다. 그런데 게임은 대화 상대가 또래밖에 없다. 아이들끼리는 게임 뒷단의 이야기보다 주로 게임을 보다 잘할 수 있는 스킬에 대한 대화를 나눈다. 게임의 이면이나 게임이 품고 있는 인문학적인 요소에 대해 이야기하는 콘텐츠가 있으면 좋겠다. 기왕이면 아이들에게 친숙한 인기 유튜버나 방송인이 나서서 콘텐츠를 제작하면 좋고, 부모나 선생님과 함께 즐길 수 있는 콘텐츠라면 더할 나위 없겠다.

어른들이 즐겨 보는 〈신사임당〉, 〈슈카월드〉, 〈김미경TV〉와 같은 유튜브 채널이나 〈세상을 바꾸는 시간〉, 〈차이나는 클라스〉와 같은 TV 강연 프로그램에서 게임 관련 주제를 많이 다루길 바란다. 아이들을 대상으로 게임 방송을 하는 유튜버들도 자극적인 장면만 연출하기보다 게임을 놓고 게임을 통해 세상을 바라보는 거대 담론에 대해 친근하고 쉽게 풀어주면 좋겠다. 그것이 서로 윈윈하면서 오래 살아남는 콘텐츠를 만드는 길이라고 생각한다.

‖ 5 ‖
게임에도 타이밍이 있다

게임은 공부에 대한 보상이 아닌 휴식의 한 방법

아이를 게임과 완전히 분리시키는 것이 불가능하다는 것을 깨달은 부모들은 체념하듯 묻는다. "게임을 공부하기 전에 하라고 하는 게 좋을까요, 공부를 마친 다음에 하라고 하는 게 좋을까요?" 게임은 잔상을 남긴다. 시각적인 자극이 강할수록 잔상이 길고, 잔상은 다른 기억을 방해한다. '선 게임, 후 공부'는 위험하다. 이미 뇌는 게임을 하느라 너무 많은 에너지를 사용했고, 머릿속에는 게임이 남겨놓은 잔상이 가득하기 때문에 공부 효율이 떨어질 수밖에 없다. 그렇다면 '선 공부, 후 게임'은 괜찮을까? 이전에 알아야 할 것이 있다.

아이들을 만나보면 학교에서 돌아오자마자 쉬지도 못하고 공부를 해야 한다는 것에 불만이 많다. 집에 오는 길에 친구들과 떡볶이를 먹고, 캐릭터 숍에 들러 구경한 다음 버스 안에서 수다를 떤 것을 부모들은 휴식이라고 생각하지만, 아이들은 하굣길에 벌어진 일이니 학교생활의 연장선상에 있는 일이라 여긴다. 그러니 쉬지도 못했는데 또 공부하라고 재촉하는 부모님의 얘기가 듣기 싫다. 학교를 마치고 돌아온 아이들에게는 공부를 시작하기 전에 약간의 시간이 필요하다. 확실하게 '너는 지금 쉬고 있고, 잠시 후에는 공부를 해야 한다.'는 메시지를 전달해야 한다.

만약 게임하는 시간을 하루 2시간으로 정했다면, 공부 시작 전 30분을 자유 시간으로 주는 게 좋다. 게임을 해도 되고 유튜브를 보거나 다른 취미 생활을 해도 괜찮다. 그리고 약속한 만큼 공부를 한 뒤에 나머지 시간에 다시 휴식 시간을 줘야 한다. 이때 잊지 말아야 할 것은 게임이 보상이 되어서는 안 된다는 것. 공부에 대한 보상이 아닌 휴식의 의미를 강조해야 한다. 공부 전후에 휴식 시간을 줄 건데, 원한다면 그 시간에 게임을 해도 된다는 메시지를 전달하자. 기왕이면 휴식 시간은 아이와 상의해서 결정하고, 부모는 아이가 모든 휴식 시간을 게임만 하며 보내지 않도록 흥미를 가질 만한 취미를 함께 찾아주는 게 좋다.

반면 게임 후의 잔상을 역으로 이용할 수도 있다. 예를 들어 직장인의 경우 상사에게 크게 나무람을 당한 후에 게임을 하는 것이 분노 조절에 유리하다. 〈테트리스Tetris〉나 〈벽돌깨기〉처럼 아주 단순한 게임이라도 괜찮다. 게임을 하는 동안 뇌는 잔상이 강한 시각에 지배당해 분노의 감정이 뒤로 물러나게 된다. 화가 났던 때를 떠올리는 회상의 강도와 빈도도 낮아지기 때문에 분노도 조금은 수그러든다.

게임하는 꼴이 보기 싫어 휴대폰을 부숴본 적이 있나

아이와 상의해 휴식 시간을 정하고, 정해진 시간 내에서 마음껏 게임을 해도 괜찮다고 타협을 했음에도 아이가 약속을 지키지 않는 경우가 있다. 이럴 때는 왜 약속을 어겼는지 이유를 먼저 들어보고, 약속을 어긴 것에 대한 벌을 내려야 한다. 그러나 부모가 모두 옳은 선택을 하는 것만은 아니다.

게임하는 아이가 스트레스인 부모의 행동은 대개 두 가지로 나뉜다. 게임하던 스마트폰을 빼앗아 부숴버리는 부모가 있고, 뭐가 그렇게 재밌는지 궁금해 함께해 보려는 부모가 있다. 두 케이스 모두 문제를 해결하려는 의지가 강한 경우다. 다른 점이 있다면 아이와의 관계에 대한 관심도다. 아이와의 관계를 중요하게 여기는 부모는 시간을 길게 갖고 노력하면서 천천히 다가가 "나도 같이 게임하고 싶어."라고 말하지만, 아이의 마음을 들여다보지 않거나 아이의 마음이 중요하지 않다고 생각하는 부모는 독단적으로 결정해 버린다.

부모가 할 수 있는 가장 강력한 통제는 게임을 꺼버리거나 게임기를 부숴버리는 것이다. 후자의 경우 스마트폰과 아이를 분리시켜 놨으니 당장은 문제가 해결된 것처럼 보인다. 더 큰 문제는 아이와 부모의 관계가 무너져버렸다는 점이다. 관계는 무너져 점점 벌어질 것이고, 아이는 수단과 방법을 가리지 않고 게임을 지속할 것이다. 만약 아이가 게임하는 모습을 보고 화가 나 컴퓨터 전원을 꺼버리거나 스마트폰을 부숴본 경험이 있는 부모라면 가장 먼저 자신의 잘못을 인정해야 한다.

이상하게도 부모는 아이들에게 잘못을 해도 사과하지 않는다.

실수에 대한 실험을 한 적이 있다. 세 그룹으로 나누어 면접을 보게 하고, 면접관이 어떤 사람을 채용하는지 관찰하는 실험이었다. 전혀 실수하지 않은 사람과 답변은 잘했지만 마지막에 물을 쏟은 사람, 답변도 못하고 물을 쏟은 사람 중 면접관들은 어떤 사람을 선택했을까. 완벽한 첫 번째 사람보다 두 번째 사람을 선택하는 경우가 많았다. 첫 번째 사람은 완벽함 뒤에 무언가를 감추고 있는 느낌을 받은 반면, 물을 쏟는 실수를 한 사람은 어쩐지 인간적이라 자신과 잘 맞을 것 같은 느낌을 받았다고 한다.

아이도 마찬가지다. 아이에게 완벽한 자아를 보여주고 싶은 부모의 마음은 이해하지만, 틀어진 관계를 되돌리려면 신뢰감을 먼저 회복해야 한다. 부모가 먼저 "지난번에는 회사에서 스트레스 받는 일이 있었는데 그 짜증을 네게 쏟아낸 것 같아. 미안해." 하고 사과하면 아이들은 너그럽게 받아준다. 잘못을 인정하고 사과하는 행동은 신뢰감 회복에 큰 도움이 될 것이다. 관계를 회복한 뒤에는 게임에 대한 규칙을 다시 세워야 한다.

아이들이 온라인 게임에 집착하는 이유

'게임'이라고 하면 주로 모바일 게임이나 컴퓨터 게임을 떠올리지만, 게임의 종류는 굉장히 다양하다. 엑스박스나 플레이스테이션 같은 콘솔 게임과 오락실에서 즐기는 아케이드 게임은 물론이고 TV 예능 프로그램에 등장하는 추리 게임이나 방 탈출 게임, 숨바꼭질, 보드게임 등도 모두 게임에 속한다. 논란이 되는 것은 주로 온라인 게임인 모바일 게임과 컴퓨터 게임이다. 왜 아이들은 온라인 게임에 집착하는 걸까. 여느 게임에 비해 접근성이 좋기 때문이다. 별도의 게임 도구를 필요로 하지 않는 데다 온라인에 접속만 하면 함께 놀아줄 친구들이 차고 넘친다.

만약 아파트 커뮤니티의 휴게 공간에 보드게임이 쌓여 있고, 아이들이 편안하게 앉아서 놀 수 있는 소파나 의자가 있다면 아이들의 놀이는 달라질 것이다. 공간은 그 공간을 구성하는 사람들에 의해 쓸모가 결정되는데, 지금의 커뮤니티 공간은 어른들 기준으로 구성해 놓은 곳이 대부분이다. 공용 공간이니 깔끔하게 정리되어 있어야 하고, 아이들은 그곳에서 시끄럽게 하면 안 된다고 가르친다. 모여서 놀기 힘드니 아이들은 각자의 놀이터를 찾아 모바일 세상으로 들어갈 수밖에 없다. 어른들의 반성이 필요하다.

또래 집단끼리 정보를 공유하며 이상한 게임에 빠지기 전에 장난감 사주듯 부모가 게임기를 선물하는 것도 괜찮다. 온라인 게임에 비해 비디오 게임은 위험 요소가 적다. 게임을 즐기기 위해서는 미션을 수행하고 아이템을 획득하면서 레벨을 높여야 하는데, 이 과정에서 뽑기나 유료 결제를 걸어둔 게임이 많다. 상자를 열어 랜덤으로 아이템을 획득하는 것처럼 보이지만, 뽑기는 도박에서 온 룰이다. 뽑기로 획득하기 힘든 아이템은 인앱 결제스마트폰 앱 안에서 결제하는 방식로 살 수 있도록 설계

게임에도 타이밍이 있다

해 놓은 것. 비디오 게임은 이러한 메커니즘을 게임 안에 넣을 필요가 없다. 끝없이 이어지는 온라인 게임과 달리 비디오 게임은 DVD로 출시되는 순간 스토리가 완결되기 때문에 시나리오나 설계가 굉장히 체계적이다. 플레이타임도 정해져 있어 아이가 부모와 한 약속, 게임 시간을 지키기도 수월하다.

‖ 6 ‖
스마트한 컨트롤러가 되라

꼰대에서 영웅이 된 할아버지

국내 〈배틀 그라운드〉 플레이어 톱티어에는 70대 할아버지가 랭크돼 있다. 우연히 그와 이야기할 기회가 주어졌을 때 물었다. "왜 게임을 하세요?" 그의 직업은 청소년상담소장이다. 아이들과 소통하며 상담해야 그들의 고민이나 문제점을 파악할 수 있는데, 나이 차이 때문인지 아이들이 쉽게 마음을 열지 않았고 상담 또한 제대로 이뤄지지 않았다고 한다. 그래서 공통점을 찾기 위해 아이들이 무엇을 좋아하는지 유심히 살폈다. 거의 모든 아이가 매일 게임을 했고, 대부분이 〈배틀 그라운드〉 유저라는 사실을 알아냈다. 상담 도구로 활용하기 위해 일부러 게임을 시작했다. 빠르게 움직이는 화면과 도저히 적응되지 않는 그래픽 앞에 멀미가 날 것처럼 어지러웠지만 참고 게임을 지속했다. 톱티어에 이름을 올리자 상담실의 꼰대 할아버지는 〈배틀 그라운드〉의 영웅으

외딴 섬에서 최대 100명의 플레이어가 다양한 무기와 전략을 이용해 최후의
1인이 살아남는 순간까지 전투하는 배틀 로열 게임 <배틀 그라운드>

로 바뀌었다. 아이들은 그제야 "대화할 만한 자격을 갖췄다."면서 스스로 상담소를 찾아오기 시작했다고 한다.

　게임에 빠진 아이들을 비난하기 전에 이해해 보려는 노력을 해야 한다. 물론 모든 이가 상담소장님처럼 극단적인 노력을 하라는 의미가 아니다. 적어도 아이가 어떤 게임에 빠졌고, 어떤 요소들을 좋아하는지 알아야 위험으로부터 아이들을 지킬 수 있다는 얘기다.

아이들이 놀 수 있는 환경을 만들어라

아이가 게임에 빠진 이유를 생각해 보자. 휴식 시간이 하루에 4시간인 아이가 있다고 치자. 4시간 중 2시간은 게임을 하고 1시간은 유튜브를 보기로 했다면, 나머지 1시간은 무엇을 하면 좋을까. 그 고민을 부모가 함께해야 한다. 함께 놀아주는 것이 가장 좋지만, 불가능하다면 최소한 놀거리를 찾아 즐길 수 있는 환경을 마련해 줘야 한다. 함께 놀지는 못하더라도 같은 공간에 머무르며 할 일을 하는 것도 괜찮다.

　앞서 강조했듯이 "책 보면서 놀아."라는 말은 아이들 입장에서 서술 관계가 옳지 않다. 만화책이나 SF 판타지 소설처럼 아이들이 좋아서 선택한 책이라면 모를까, 부모가 어떤 기대를 가지고 사준 책을 읽는 것은 아이에겐 또 다른 학습일 뿐이다. 많은 부모가 자신이 원하는 긍정적인 롤 모델을 그려놓고 아이가 거기에 맞춰 성장해 주기를 바란다. 책을 권하는 것도 이러한 무의식에서 나온다.

나는 아이들이 어렸을 때 블록 놀이와 보드게임을 많이 했다. 악기를 마련해 주기도 하고, 진로와 관계없이 배우고 싶은 게 있다고 하면 학원을 보내주기도 했다. 아이들이 어릴 때는 함께 보드게임을 하는 것이 가장 좋다. 초등학생인 조카에게 몇 번인가 보드게임을 선물한 적이 있다. 부모는 아이가 게임과 유튜브만 좋아한다면서 걱정을 하는데, 조카는 나만 보면 게임하자며 보드게임을 펼친다. 부모가 바빠서 아이와 함께 게임을 해줄 시간이 부족했기 때문이다. 조카는 다른 게임보다 보드게임이 훨씬 재미있다고 매번 말한다. 어쩌면 다른 아이들도 모바일 게임이나 유튜브가 재미있어서 그것만 들여다보고 있는 게 아닐 수 있다.

게임 시간을 제한하는 앱이 있지만, 또래 집단 사이에서 해당 앱을 조작하는 법이 공유되기 때문에 방어벽은 쉽게 깨진다. 문제를 해결하기 위해서는 쉽게 깨지는 약속을 하는 것보다 아이가 하고 싶은 것 위주로 놀 수 있는 환경을 마련해 주는 것이 중요하다.

숨어서 게임하면 중독이 되기 쉽다

휴대폰은 손 안에 있고, PC방은 학교와 학원과 집 사이에 있다. 온라인 게임은 접근성이 좋은 데다 비용도 저렴한 편이다. 한두 번 게임을 하다가 부모님께 호되게 꾸중을 들은 일이 있다면 아이는 숨어서 게임을 하게 된다. 불행하게도 이러한 행동은 게임 과몰입으로 이어지기 쉽다.

특정 물질이나 행위에 과몰입된 사람들은 공통적으로 자신이 깊게 빠져들었다는 것을 숨긴다. 드러내지 않고 숨겼을 때의 문제가 있다. 들켰을 때 주변 사람들이 어떤 반응을 보이고 사회적으로 어떤 평가가 올지 알기에 시그널을 끊어버린다. 처음에는 주변에서 걱정하거나 혼내는 것 때문에 특정 행동을 반복하면서도 죄책감을 느끼거나 망설이게 되는데, 감각이 차단되면 무뎌진다. 무뎌지는 건 위험하다. "우리 아이는 게임 안 한다."고 자신 있게 말할 수 있는 부모라면, 그 아이는 숨어서 게임을 하고 있을 수도 있다는 것을 알아야 한다. 음지는 위험하다.

PC방에 가는 걸 막을 수는 없다면 솔직히 말할 수 있는 분위기를 만들어주는 것이 중요하다. "학원 끝나고 친구들이 다 같이 PC방에 갈 때 나도 갔다 왔다."고 하면 "재미있었겠네."라고 공감해 준 다음 "PC방 가느라 못 한 공부는 어떻게 할 생각이니?" 하면서 대화를 풀어 나가야 한다. 어른도 그렇지만 아이들도 약속을 어기고 잘못된 행동을 하는데, 잘못을 털어놓는 것은 숨기기 위한 것이 아니라 잘못된 행동을 교정하고 싶기 때문이다. 그런데 응징만 돌아온다면 다음부터는 털어놓을 이유가 없다. 잘못을 털어놨을 때 문제를 함께 해결하려는 노력을 하지 않고 감정적으로 대하는 순간 아이는 입을 닫게 된다.

아이와 같은 경험을 공유하라

아이가 어떤 게임을 주로 하는지 아느냐고 물으면 부모 중 열에 아홉은 안다고 답한다. 몇 개의 게임 배경 음악을 들려주고 이 중에서 골라 보라고 하면 자신 있게 찾아내는 이는 드물다. 아이의 친구 이름은 알면서 그 친구가 어떤 성격인지, 어떻게 친해졌고, 어떤 관계에 있는지는 모르는 것과 같다. 아이가 하는 게임에 대해 부모가 아는 것은 매우 중요하다.

오늘부터 관심을 가져야겠다고 결심하고 아이를 앉혀놓고 좋아하는 게임에 대해 취조하듯 묻는 것은 금물. 자연스럽게 접근해야 아이가 솔직한 마음을 털어놓는다. 관찰 카메라를 설치해 24시간 감시하거나 노크도 없이 아이 방 문을 벌컥 열고 들어가는 것도 삼가야 한다. 아이는 범죄자가 아니다. 범죄자 소탕하듯 갑자기 아이 방에 들어가 노트북 화면을 보면서 취조하듯 물으면, 그 순간부터 아이는 부모를 자신의 세계를 침범한 악당처럼 느끼게 될 것이다. 아이 방에 들어갈 때는 반드시 노크를 하고 허락을 받아야 하며, 궁금하더라도 노트북 화면을 보지 않고 "무슨 게임을 하느냐?"고 물어야 한다. 그 순간 아이는 거짓말을 할 필요가 없어진다. 아이가 게임에 대해 이것저것 얘기를 하기 시작하면 그제야 "궁금한데 같이 봐도 되느냐?"고 양해를 구하자. 아이가 어떤 게임을 좋아하는지 알게 되면 "나에게도 가르쳐달라."거나 "나랑 함께 하자."고 제안할 수 있게 된다.

이렇게 해보라고 말하면 대부분의 부모는 게임을 싫어한다고 답한다. 취미로서의 게임을 권하는 게 아니다. 아이들도 부모가 시키면 싫어도 하는 일이 많다. 싫더라도 아이가 좋아하는 걸 부모라면 해볼 의무가 있다. 교육이고 양육의 영역이라는 걸 명심하자. 물론 아이와 함께 게임을 하라는 것이 아이의 게임 친구들과 어울리라는 얘기는 아니다. 서로 불편한 상황이 생기지 않도록 배려해야 한다.

문전박대를 당해도 서운해 말라

만약 아이가 게임 세계 안으로 부모가 들어오는 것을 내키지 않아 한다면 아이가 하는 게임이 무엇인지 알아서 혼자 해보는 것도 괜찮다. 기초적인 게임 스킬은 유튜브 검색만 해도 충분히 익힐 수 있다. 그 안에서 게임에 관한 정보를 습득하면 자녀와 함께 게임을 하지 않더라도 공감대가 형성돼 대화가 한결 수월해질 것이다. 야구를 직접 하지 않아도 이미 많은 이들이 야구 중계를 보며 일희일비하고 있지 않은가. 만약 아이가 너무 폭력적이거나 연령에 맞지 않는 게임을 하고 있다면 부모가 방어막이 되어줄 수도 있다.

아이가 어떤 게임을 하는지도 모르면서 무조건 반대만 하는 건 부하 직원이 정성스럽게 작성한 보고서를 읽어보지도 않고 쓰레기통에 버리는 것과 마찬가지다. 가장 좋은 것은 '함께' '같은' '경험'을 해보는 일이다. 게임의 룰이 작동하는 매직 서클에 같이 들어갔다는 것은 신뢰 관계가 형성되었음을 의미한다.

스마트한 컨트롤러가 되라

어색한 사이가 된 중·고등학생 자녀와 친해지기

초등학생은 부모가 자신에게 관심이 있다는 것을 아는 순간 마음을 열어주는 반면, 관계의 틈이 많이 벌어진 중·고등학생의 경우에는 함께 같은 경험을 공유하며 게임에서 만난다는 것이 다소 어려울 수도 있다. 아이가 친구들과 쇼핑을 가기로 약속했는데, 부모가 따라가고 싶다고 하면 누가 반기겠는가. 아이가 친구들과 만든 커뮤니티 안으로 부모가 들어가는 것이 아니라 아이와 부모의 커뮤니티를 만들어야 한다. 처음에는 아이와 나만의 1대1 공간이겠지만, 게임 세계에는 무수히 많은 플레이어가 대기하고 있다. 게임할 때 오프라인 친구들끼리 온라인에서 만나는 경우도 있지만, 대부분 온라인 세계에서 친구를 찾는다. 원한다면 익명성이 보장되는 세계, 부모와 자식의 관계를 숨긴 채 게임에 참여할 수 있다.

이 단계도 거절을 당한다면 부모는 반성해야 한다. 부모와 게임을 안 하려고 하는 아이의 문제가 아니라 신뢰를 바닥까지 깨버린 부모의 잘못이다. 라포르rapport: 두 사람 사이의 공감적인 인간관계. 또는 그 친밀도가 형성돼 있다면 게임이든 공부든 이성 문제든 일정한 선을 넘어섰을 때 부모가 아이를 정상 궤도로 데려오기 쉽다. 하지만 라포르가 형성되지 않았다면 부모는 무던히 노력해야 한다.

초등학생 자녀의 사이버 친구를 알아내라

게임에서 사행성을 조장하는 인앱 결제보다 위험한 것은 채팅이다. 〈로블록스ROBLOX〉는 교육용 시뮬레이터를 발전시켜 게임화한 것으로, 이용자 중에 초등학생이 특히 많아 '초등학생들의 온라인 놀이터'로 불린다. 코로나19 팬데믹으로 학교에 갈 수 없는 아이들이 〈로블록스〉에 접속해 다양한 친구들을 만나고 함께 게임을 즐기면서 2020년 가장 많이 성장한 게임 중 하나가 됐다.

이 게임을 즐기는 아이들은 〈로블록스〉를 자신의 놀이 공간으로 만들고, 〈로블록스〉 앱을 메신저처럼 사용하는 경우가 많다. 얼마 전 미국에서는 성범죄 이력이 있는 성인이 불순한 목적으로 게임에 접속해 아이들에게 접근했다. 다행히 불미스러운 일이 벌어지지는 않았으나, 사건을 해결한 경찰은 온라인상에서 아이들이 성범죄자의 표적이 될 수 있으니 〈로블록스〉는 물론이고 스냅챗Snapchat, 인스타그램Instagram, 온리팬스Onlyfans, 틴더Tinder와 같은 플랫폼과 앱 사용을 경계해야 한다고 경고했다. 게임이나 앱 내의 채팅 기능을 이용해 대화하거나 사진을 주고받는데, 이것이 얼마나 위험한 일인지 반드시 교육해야 한다고 했다. 나의 아이에게도 충분히 일어날 수 있는 일이다.

오프라인 교우 관계뿐 아니라 게임 안에서 어떤 친구를 사귀고 어떤 대화를 나누는지 부모가 알아야 한다. 로그 기록을 일일이 열어보지는 않더라도 관심을 갖고 질문을 해야 한다. 그러기 위해서 부모는 아이가 하는 게임에 대해 잘 알고 있어야 한다.

게임하는 자녀를 유심히 지켜보라

부모 세대도 어렸을 때는 소꿉놀이나 병원놀이를 하면서 자랐을 것이다. 놀이를 통해 아이들은 역할을 익히고, 사회를 배웠다. 여자아이는 벽돌을 빻아 음식을 만들고, 남자아이는 신문지나 책을 넣은 가방을 들고 회사에 갔다. 남자아이는 청진기 장난감을 들고 의사가 됐고, 여자아이는 주사기 장난감을 들고 간호사가 됐다. 물론 사회적으로 고착화된 성 역할을 답습했다는 점이 불만이지만 당시에는 그것이 잘못된 것인지조차도 몰랐다. 놀이는 원래 있던 것을 연습하면서 익히는 과정이다. 그러나 과정이 잘못되면 좋지 않은 걸 배우게 된다.

아이들은 부모의 거울과 같아서 아이들이 노는 모습을 보면 부모가 아이들에게 무엇을 보여줬는지를 짐작할 수 있다. 아이는 놀이를 통해 어른들이 만들어놓은 세상을 배우고, 어른은 아이를 통해 자신이 세상을 살아가는 방식을 객관적으로 관찰할 수 있다. 게임도 마찬가지다. 함께 즐기다 보면 깨달음의 지점이 반드시 생긴다.

‖ 7 ‖
인생 최대 난제, 부모 노릇

가출의 원인은 게임이 아니다

종종 아이가 게임 때문에 가출까지 했다는 부모를 만난다. 레퍼토리가
비슷하다. "이상한 친구들이랑 어울리면서 게임을 배워서 학교도 안 가
고 부모 말도 안 듣더니 급기야 가출했다."고 속상해한다. 하지만 상담
하다 보면 문제의 원인이 다른 곳에 있는 경우가 많다. 아이가 가출하
게 된 이유는 부모와의 사이에 다른 갈등이 있거나 정신 질환적인 행동
장애가 있는 건데 이를 눈치채지 못하고 애꿎은 게임 탓만 한다. 아이
의 사정은 다르다. 가출을 한 이유는 부모님과 대화가 안 되기 때문이
다. 집안 환경이 힘들고 어려워 겉도는 것이고, 친구들을 만나면 가장
저렴하고 재미있게 즐길 수 있는 놀이가 게임이라 PC방에 가는 건데 엄
청난 비행을 저지른 것처럼 화만 내는 부모님을 이해할 수 없단다.

　가끔은 부모도 문제가 무엇인지 이미 알고 있으면서 일부러 현실

을 외면하는 게 아닌가 생각하곤 한다. 게임이나 친구 탓을 하면 당장 마음은 편해지니까 앞의 과정을 생략한 채 "만날 PC방에 가서 게임만 한다."고 치부하는 것이다. 솔직히 나는 "가출해서 PC방에 있는 것을 데려왔다."는 말을 들을 때면 다행이라는 생각이 든다. 세상에 위험하고 나쁜 유혹이 얼마나 많은데 가출해 부모의 통제를 벗어난 상황에서 게임을 한다니 얼마나 다행스러운가. 게임을 하기 위해 집을 나가는 것이 아니라 집에서 나가면 할 수 있는 게 게임밖에 없는 아이들의 입장을 이해해 보자.

내 안의 세 가지 갈등 구도

인간은 갈등의 존재다. 대상이 있어도, 없어도 갈등은 존재한다. 개인의 내부적인 갈등은 크게 세 가지로 나뉜다. 좋아하는 것 두 가지 중 하나만 선택해야 하는 접근-접근 갈등, 싫어하는 것 두 가지 중 하나를 선택해야 하는 경우 회피-회피 갈등, 좋아하는 것과 싫어하는 것이 섞여 있는 접근-회피 갈등. '피자 먹을래, 치킨 먹을래'는 접근-접근 갈등, '손바닥 맞을래, 종아리 맞을래'는 회피-회피 갈등, '문제집 4장 풀고 게임할래'는 접근-회피 갈등의 유형이다. 문제는 아이에게 접근-회피 갈등의 제안을 하면 회피하고 싶은 욕구가 더 커진다는 점이다. 아이 입장에서는 정당한 대안이 아니다.

　개인의 내부적인 갈등 외에도 개인 간의 갈등, 개인과 집단 간의 갈등도 있다. 부모는 자녀의 문제를 해결해 주는 해결사가 되고 싶어 한다. 언제나 강인해야 하는 존재여야 한다고 스스로에게 주입시킨다. 그런데 따지고 보면 아이들보다 20~30년 더 살았을 뿐 부모도 개인의 내부적인 갈등을 가지고 살면서 다방면으로 스트레스를 받는 미생에 불과하다. 자녀와의 문제를 해결하기 위해서는 자기 자신이 가지고 있는 갈등이 무엇인지 잘 들여다보고 해결하는 것이 선행되어야 한다. 만약 심리적으로 많이 지쳐 있는 상태라면 스스로를 잘 위로해 주는 것이 필요하다.

에너지가 부족하면 빠르고 바르게 갈 수 없다

만날 게임만 하는 아이 때문에 고민이라는 부모에게 천천히 시간을 가지고 인내심 있게 다가가라고 하면 대부분은 "알지만 너무 바쁘다."고 답한다. 아이 문제로 '게임과 교육'에 대해 강의하는 강연장을 찾아올 정도의 부모라면 분명히 아이를 더 사랑할 수 있는 방법을 찾기 위해 많은 노력을 했을 것이다. 하지만 실제로 너무 바쁘고 지쳐 있다 보니 문제를 빨리 해결하고픈 마음이 앞서는 게 문제다. 아이가 내부적으로 가지고 있는 갈등을 잘 들여다보지 못하고, 부모의 잣대로 설득하거나 지시를 하게 된다. 이런 식으로는 아이와의 사이에 갈등만 더욱 커질 뿐이다. 문제를 해결하려면 먼저 부모가 자기 안의 갈등을 들여다보고, 문제를 해소하면서 스트레스를 낮추는 여유가 필요하다.

인생 최대 난제, 부모 노릇

자기 자신의 문제보다 아이의 문제를 먼저 해결해 주고 싶은 부모의 마음은 충분히 이해된다. 하지만 자기 안의 에너지가 부족한 상태에서 외부의 문제를 근본적으로 해결하기란 거의 불가능하다. 효력 없는 지시와 명령을 아이에게 반복하기보다 자신을 먼저 돌아봐야 한다. 그러고 나서 아이에게 다가가는 것도 방법이다. 스스로 감정을 잘 감춘다고 생각하겠지만, 부모의 불안을 아이도 잘 알아챈다. 가까운 사이일수록 상대의 감정을 잘 읽는 법이다. 부모들이 시간을 가지고 자기 자신을 먼저 다독거린 후에 아이와 좀 더 긴 호흡으로 문제를 풀어나가길 바란다.

좌절한 사람에게 나타나는 네 가지 패턴

내부적인 갈등이든, 관계에서의 갈등이든 부모들이 문제 해결 과정에서 좌절을 경험하는 경우가 많다. 내가 좌절 상태인지 아닌지를 알아채는 것은 매우 중요하다. 보통 좌절한 사람에게 나타나는 공통적인 패턴은 공격성이다. 아이가 게임을 너무 오래 하는 것이 문제라면 그 문제점에 대해 대화를 해야 하는데 화를 먼저 낸다. 화가 났다는 것은 문제가 해결되지 않아 좌절했음을 의미하기도 한다. 해결이 안 되니 공격하는 것. 이 문제를 본인이 스스로 알아채야 한다. 화가 났다는 것은 자기 안의 에너지가 충분하지 못해 상대를 설득할 수 없는 상태를 말한다. 빨리 알아채고 되돌아 나오는 것이 무엇보다 중요하다.

대체하는 패턴도 나타난다. 외면이다. 아이가 게임하는 시간에 대해 얘기하다가 잘 풀리지 않으면 다른 일을 하려고 든다. 시험 전날 공부해야 할 게 산더미인데 책상 정리부터 했던 경험이 누구에게나 있을 것이다. 같은 이치다. 갑자기 기획안을 정리하거나 집 안을 청소한다. 내 문제를 해결하거나 아이와의 문제를 해결하는 것이 아니라 순간을 모면할 수 있는 제3의 무언가를 찾는 것이다.

퇴행 패턴이 나오기도 한다. 마음대로 일이 되지 않을 때 어린아이처럼 행동하는 것을 말하는데, 대표적인 것이 폭식이다. 잘 먹지도 못하는 매운 음식을 먹는 행동도 여기 해당된다. 조절 능력이 현저히 떨어졌을 때 나타나는 전형적인 반응이다.

가장 나쁜 것은 회피 행동이다. 나는 아무런 문제가 없다고 믿고, 아이에게도 전혀 문제가 없다고 믿는다. 그러고는 아이가 게임하는 모습을 보고 싶지 않아 아예 아이의 방에 들어가지 않으려고 한다.

만약 아이와의 문제를 해결하려다가 좌절, 대체, 퇴행, 회피의 시그널이 온다면 스스로의 문제를 먼저 해결해야 한다. 물론 이러한 시그널이 정신 질환은 아니다. 난관에 부닥쳤을 때 누구에게나 나타나는 행동 패턴이다. 다만 아이와 연결된 문제라면 아이에게 혼동을 주지 않기 위해서라도 자신을 더 잘 컨트롤할 필요가 있다. 어른들이 느끼는 대부분의 갈등과 스트레스는 사회로부터 온다. 사회 시스템이 너무 급박하게 돌아가니까 외부적인 문제를 해결하느라 가족 내부에 에너지를 쏟을 시간과 노력이 줄어들 수밖에 없다.

　　　　　　　　　　　　　　　　　　　　　인생 최대 난제, 부모 노릇

전문가도 어려운 것이 부모 노릇

나라고 부모 노릇이 평탄하기만 했던 것은 아니다. 큰아이가 초등학교 5학년 무렵 폭탄선언을 한 적이 있다. "게임이 너무 좋아 게임만 하고 싶다."는 것이다. 이론과 현실의 괴리는 연구자와 아빠 사이의 갭보다 컸다. 갈등을 키우는 요소에 대해 잘 알고 있기에 당황한 마음을 감추고 침착하게 아이와 대화를 시도했다. 결과는 "그래도 게임이 너무 좋아."였다. "게임을 얼마나 하면 만족할 것 같으냐?" 물으니 "절대 질리지 않을 것 같다."고 답했다. 최대한 자비로운 아빠인 척하며 "마음껏 게임을 하는 대신 너무 오래 게임만 하다 보면 위험할 수도 있으니 아빠가 옆에 있겠다."고 말했다.

아이는 거실 한구석에서 게임을 시작했고, 나는 다른 쪽 구석에서 책을 읽었다. 오후 9시쯤 시작된 게임은 새벽 1시가 되어서도 계속됐는데, 날짜가 바뀌는 순간부터 아이가 슬슬 아빠의 상태를 살피고 있다는 것을 알아챘다. "시간이 늦었는데 졸리면 자고 내일 계속하라."고 했고, 아이는 다음 날에도 거실에 앉아 게임을 하고 나는 책을 읽었다. 한참 게임을 하던 아이가 "기분이 좋지 않다."고 했고, "아빠가 어떻게 해줬으면 좋겠느냐?"고 물으니 "그냥 이 게임이 사라졌으면 좋겠다."고 답했다. 화면을 끄는 대신 컴퓨터에서 게임을 삭제하는 방법을 알려주고, 지우고 싶으면 직접 지우라고 말해 줬다. 아빠가 게임을 삭제한다면 네 것을 빼앗는 기분이 들 것 같다고 덧붙였다.

그날 아이는 제 손으로 직접 게임을 지웠다. 그리고 성인이 된 지금도 여전히 게임을 한다. 아이는 부모의 허락 아래 무한정 게임을 하면 행복해질 줄 알았지만, 막상 해보니 행복하지 않다는 것을 경험을 통해 알았다고 했다. 그 뒤로는 게임을 오래 하겠다고 조르는 일이 없어졌다. 휴식 시간 중 일부분을 게임에 사용하고, 나머지 시간은 가족과 함께 놀았다. 이 규칙은 아이가 성인이 될 때까지 지속됐다.

나는 이것을 자유와 방임의 차이라고 생각한다. 아이에게 지칠 때까지 게임을 하라고 한 다음 밖으로 나가버리면 방임이 된다. 그러나 같은 공간에 머물며 기다려주겠노라 말해 주는 것은 자유가 된다. 별것 아닌 것처럼 느껴지지만 아이가 느끼는 심리적 안정감에는 큰 차이가 있다. 아이가 자신의 감정에 대해 말을 할 때 필요한 것은 부모가 아이의 감정을 해석해 주는 것이 아니라 아이가 자신의 감정을 더 관찰할 수 있도록 기다려주는 것이라는 것을 잊지 말아야 한다.

어른들의 모바일 게임은 유튜브

2018년 독일 함부르크 일간지 〈함부르거 아벤트블라트Hamburger Abendblatt〉에는 7세 어린이들이 거리 시위를 벌였다는 기사가 실렸다. 시위를 주도한 소년은 친구들에게 초대장을 보냈고, 지인과 부모님이 합류해 150여 명이 참가했다. 경찰은 여느 시위와 마찬가지로 현장에 파견돼 시위자를 보호했다. 거리 시위를 하는 그들의 손에는 '스마트폰 좀 그만 봐요', '나와 채팅해요' 등이 적힌 피켓이 들려 있었고, 아이들은 확성기에 대고 "엄마와 아빠가 우리들의 말을 듣지 않아 큰 소리로 말한다."고 외쳤다. 학교 가기 싫다, 게임을 하게 해달라, 장난감을 사달라 등의 요구를 했을 것 같지만, 아이들이 요구한 것은 부모가 유튜브를 그만 보고 자신과 놀아달라는 거였다. 유튜브가 어른들에게 게임 같은 존재다.

뉴스를 접하고 뜨끔한 부모들이 적지 않았을 듯하다. 아이들에게 게임을 하지 말라고 하면서, 어른들은 아이들과 함께 놀아주지 않는다. 부모는 유튜브를 보면서 아이에게는 게임이 나쁘니 책을 읽으라고 말한 적이 없는지 생각해 보자. 게임을 하지 말라고 말을 할 때는 부모가 대안을 가지고 있어야 한다. 아이가 미디어에 집착하는 것이 잘못이라고 생각한다면 부모도 미디어에 집착하는 것이 잘못이라는 것을 인정해야 한다.

‖ 8 ‖
프로 게이머와 스트리머 사이

시대에 맞춰 업그레이드해야 할 진로 교육

장래 희망에도 트렌드가 있다. 학생들의 장래 희망은 그 시대에 가장 핫한 산업의 영역에서 파생한다. 2020년 코로나19 팬데믹으로 게임 이용자가 50% 증가했다고 한다. 게임 산업은 폭발적으로 성장했고, 모바일 게임 다운로드는 48%나 늘었다. 국내 게임 시장의 규모는 13조 원 내외, 국내 커피 시장보다 큰 규모다. 거리에 널린 것이 카페이고 대부분의 사람이 매일 커피를 마시는데, 커피 수요를 합한 것보다 게임 시장 규모가 크다고 하면 잘 안 믿는 눈치다. 커피는 눈에 보이는 재화이고, 게임은 눈에 보이지 않는 소프트웨어이기 때문이다.

콘텐츠 수출에서도 큰 비중을 차지한다. 드라마와 영화, 예능 프로그램, 웹툰, 음악 등 전체 미디어 수출액의 55%가 게임이다. 종종 제작비 수백억 원의 영화가 화제가 되곤 하는데, 대작 게임 제작비는 수천

205

억 원대다. 게임 산업의 규모는 상상 이상으로 크고, 산업 규모가 크다는 것은 그만큼 기회가 많은 시장이라는 의미다.

안타깝게도 아이들은 게임과 관련된 직업으로 프로그래머와 프로게이머, 게임 스트리머streamer: 인터넷을 통해 미디어를 스트리밍하는 또는 방송을 하는 사람. 인터넷 방송인으로도 불린다만을 떠올린다. 게임 산업의 문제가 아닌 진로교육의 문제다. 아이들은 당연히 자신이 경험 범위 안에서 장래 희망을 갖고 직업을 선택한다. 중화요리점에 아이들을 데려가 마음대로 주문하라고 하면 대부분 자장면이나 짬뽕, 탕수육밖에 주문하지 않는 것과 같은 원리다. 메뉴가 많아도 아이들이 먹어본 음식은 극히 제한적이기 때문이다. 직업도 마찬가지다. 아이들은 학교 수업 외에 직업인으로 마주하는 사람이 가족과 친척 외에 의사, 변호사, 경찰관 같은 일반적인 직업 몇 가지 그리고 게이머와 스트리머밖에 없다.

통계청에서 분류한 한국의 직업군은 1,000가지다. 세부 분류로 나뉘면 10,000개가 넘는 직업이 있지만, 아이들은 100가지도 제대로 모른다. 학창 시절의 장래 희망이란 내가 해봤거나 알고 있는 것, 그래서 나와 끈이 연결되어 있다고 믿는 것들 중에서 선택한다. 그래서 요즘 아이들이 가장 되고 싶어 하는 것이 프로 게이머와 스트리머다.

나의 꿈은 프로 게이머

좋아하는 게임을 실컷 하면서 돈도 많이 벌고 인기까지 누릴 수 있으니 프로 게이머는 이상적인 직업처럼 보인다. 문제는 성공 확률이 매우 낮다는 점. 국내 게임 인구가 2,500만 명인데 그중 겨우 300~400명만이 프로 게이머가 된다. 데뷔하는 것도 힘들지만 스타플레이어가 아닌 이상 연봉도 낮다. 우리나라 프로 게이머의 평균 연봉은 1,200만 원이 안 되며, 연봉 5,000만 원이 넘는 경우는 그중 10%밖에 안 된다. 직업인이 되는 나이도 굉장히 이르다. 중·고등학생 때 선수 생활을 시작하다 보니 학업을 중단하는 경우가 많은데, 은퇴 시기도 매우 빠르다. 엄청난 경쟁을 뚫고 프로 게이머로 성공했다 하더라도 20대 중후반이면 은퇴해야 하니 직업인으로서 전성기를 누릴 수 있는 기간은 10년이 채 안 된다. 아무리 훈련을 해도 반사 신경이 떨어져 조작 능력이 저하되기 때문이다. 그렇다고 해서 프로 게이머가 나쁜 직업이라는 말은 아니다. 다만 아이들이 막연하게 생각하는 것만큼 적은 노력으로 큰 성공을 거두는 신의 직업은 아니라는 뜻이다. 말 그대로 '프로'의 세계다.

아이가 프로 게이머가 되는 것을 반대하는 부모의 입장은 이해할 수 있다. 성공 확률은 적은데 학업을 중도에 포기해야 하니 리스크가 너무 크다고 느껴질 것이다. 하지만 이미 프로 게이머가 되겠다고 결심한 아이를 설득할 수 있는 근거가 되어주지는 못한다. 오히려 잘못 말을 꺼냈다가 '게임에 대해 아무것도 모르면서'라고 된서리를 맞을 수 있다. 아이는 자기가 좋아하는 게임이 무엇인지도 모르면서 신문만 보고 자신을 무시한다고 여길 것이다. 게임에 빠진 아이를 둔 부모에게 긴 호흡을 가지고 라포르를 형성해야 한다고 강조하는 이유도 이 때문이다. 설득이 안 된다면 입단 테스트를 보게 하는 것도 괜찮다. 장담컨

대 99.9999%의 확률로 떨어진다. 프로의 세계는 동네 PC방과 수준이 완전히 다르다. 만약 0.0001%의 확률로 테스트에 통과한다면 재능을 키워줄 방법을 모색하는 게 좋다. 포스트 페이커Faker: 유명 프로 게이머 이상 혁가 될 수도 있다.

요즘 애들의 연예인은 게임 스트리머

자신이 프로 게이머가 될 수 없음을 깨달은 애들은 게임 방송을 하는 스트리머를 꿈꾼다. 2019년 기준 상위 3% 유튜버의 평균 소득이 월 160만 원이다. 언론에 나오는 연 200억~300억 원의 수입을 올린다고 하는 채널은 정말 수십만 개의 채널 중 겨우 하나다. 유튜브 전체 조회수의 90%를 상위 3% 채널이 독점하는 분위기다. 아이가 그래도 스트리머가 되고 싶다고 한다면 지켜보는 것도 괜찮다. 아이들이 스트리머로 활동할 때 가장 큰 리스크는 스트리밍 플랫폼의 채팅창과 댓글창이다. 안 좋은 것을 배우거나 안 좋은 얘기를 듣고 상처를 받을 수 있고, 최악의 경우에는 오프라인에서 물리적인 문제가 발생할 수도 있다. 아이가 어릴수록 사고가 발생하지 않도록 부모가 잘 관찰해야 한다.

위험으로부터 아이를 보호하라고 말하면서도 스트리머가 되는 걸 반대하지 않는 이유는 그 과정에서 중요한 걸 배울 수 있기 때문이다. 미래에는 대화의 방식이 지금과 다를 것이다. 이미 지금도 세대별로 주로 사용하는 온라인 소통 채널이 나뉜다. 50~60대는 카카오스토리,

40대는 페이스북, 20~30대는 인스타그램, 10대는 압도적으로 트위터나 틱톡을 많이 사용한다. 부모 세대가 학창 시절에 일기를 썼던 것처럼 요즘 애들은 브이로그를 찍어 공유한다. 아이가 유튜브를 보는 것도 싫고 하는 것도 싫어서 채널을 다 막아버린다면 새로운 기술로부터 단절될 수도 있다. 누가 알겠는가, 지금 직장에서 워드나 PPT로 작성하는 보고서를 10~20년 후에는 동영상으로 작성해야 할지.

겉으로 드러난 직업은 프로 게이머와 스트리머가 전부인 것 같지만 게임 산업에는 다양한 직군이 존재한다. 제작 측면에서 보면 게임 시나리오 기획자, 디렉터, 프로그래머, 테스터, 그래픽 디자이너, 작곡가 등이 참여한다. 프로그래머는 다시 프론트·엔드 프로그래머와 백·엔드 프로그래머로 나뉘고, DB 관련 프로그래머와 인공 지능 프로그래머 등으로 나뉘며, 그래픽 디자이너 역시 캐릭터 디자이너, 배경 디자이너 등으로 분업화되어 있다. 상상도 못 했던 전문가들도 게임 제작에 참여한다. 대부분의 게임에는 경제 구조가 포함되기 때문에 설계 단계에서 경제학자가 필요하고, 게임 안의 제도에 문제가 없어야 하기에 법학자도 필요하다. 경우에 따라 인류학자, 심리학자, 인지과학자도 필요하다. 일반적인 직업을 선택하더라도 사회 곳곳에 게임적인 요소들이 적용되어 있기 때문에 게임을 전혀 하지 않은 아이들보다 그렇지 않은 아이들의 적응력이 훨씬 높다.

‖ 9 ‖
게임 PD가 되려면 무엇을 전공해야 할까

게임으로 출근하는 시대가 온다

게임 안에 기회가 있으니 게임을 즐기는 아이를 너무 나무라지 말라는 얘기를 하면 부모와 아이가 동시에 묻는다. 게임 회사에 들어가려면 무엇을 전공해야 하느냐고. 게임 회사 구성원 중 프로그래머가 가장 많은 비중을 차지하고 있는 것은 사실이지만, 게임이 단순한 엔터테인먼트를 넘어 하나의 가상 세계로 성장하고 있기에 현실 세계에 존재하는 모든 직업이 게임의 가상 세계 안에도 존재할 수 있다. 실제로 무엇을 공부하든 게임 안에서 유용하게 사용할 수 있을 만큼 게임 회사에는 다양한 이력을 가진 이들이 근무한다. 게임 제작 과정을 디테일하게 쪼개서 어떤 경력을 가진 이들이 게임 개발과 출시에 참여하는지 알아보자.

상호 작용까지 고려해야 하는 게임 설계

모든 게임에는 개발 스케줄을 체크하고 필요한 인력을 수급하는 등 게임 개발을 총괄하는 PD가 있다. 기획 단계에서 가장 중요한 건 시나리오다. 연극처럼 인물, 사건, 배경이 있어야 한다. 이 단계에서는 핵심이 되는 메인 스토리를 구성하고, 등장인물의 캐릭터와 구체적인 이야기의 배경을 설정한다.

고려 시대에 외국 상인과 사신이 왕래하던 '벽란도'를 배경으로 무역하는 역사 게임을 개발한다고 가정해 보자. 연극과 달리 게임은 주요 인물이 귀족인지 상인인지, 상인이라면 고려인인지 외국인인지 등 다양한 관점에 따라 다양한 버전의 시나리오가 있어야 한다. 시나리오 작가는 처음부터 참여해 전체 이야기의 흐름을 구성하고, 러프하게 캐릭터를 설정한다. 게임 세계관에는 판타지적인 요소가 많고, 그 판타지의 많은 부분이 종교나 신학에 뿌리를 두고 있기 때문에 세계관을 구축할 때는 신학자나 철학자가 참여하기도 한다.

'벽란도'처럼 실제 역사를 모티프로 게임을 만들고자 할 때는 시나리오의 팩트를 검증하고 고증하는 과정에서 역사학자가 참여한다. 게임을 지속하게 하려면 캐릭터가 매력적이어야 하기에 캐릭터를 설정할 때 퍼스널 브랜딩이나 마케팅 전문가가 참여하기도 한다. 캐릭터의 디테일한 설정은 추후에 이뤄지는데, 이때는 조작성을 고려해야 하기 때문에 게임적인 세계관에 대한 이해도가 높은 작가가 참여하게 된다. 캐릭터 간의 관계를 설정하고, 게임의 전체적인 서사를 결정할 때는 행정

게임 PD가 되려면 무엇을 전공해야 할까

이나 법률 지식이 있는 전문가가 참여하기도 한다. 판타지 게임이라 하더라도 현실적으로 타당해야 설득력을 갖기 때문이다.

그러고 나서 캐릭터를 시각화하는 작업이 진행된다. 일러스트레이터는 시나리오와 설정을 참고해 텍스트로 존재하는 캐릭터를 2D로 그려낸다. 이때부터 실재감이 느껴지기 시작한다. 가끔 게임에 사용될 중요한 물건과 건물을 2D로 작업해 두기도 한다. 이 외에도 배경만 그리는 디자이너, 소품만 그리는 디자이너, NPC만 그리는 디자이너 등 대작 게임일수록 많은 디자이너가 참여한다. 이 단계가 되면 '벽란도를 배경으로 6명의 주요 캐릭터가 움직이는 전쟁, 무역, 전략 게임'이라는 게임의 구체적인 틀이 잡힌다.

세계관을 디지털화하는 작업

일러스트레이터와 디자이너가 시각화 작업을 하는 사이 한쪽에서는 게임의 규칙과 밸런스를 설계하는 작업이 진행된다. 밸런스에서 가장 중요한 것은 캐릭터의 속성을 설정하는 것과 (경제 게임의 경우) 화폐 관련 규칙을 정하는 것이다. 등장인물의 성취도, 체력, 인물 간의 친밀도와 같은 다양한 펙터factor, 요인를 설정하고, 최대치와 최소치를 어떻게 설정할 것인지 결정한다. 이뿐만 아니라 각각의 펙터가 등장인물 간에 어떤 상호 작용을 할 때 올라가거나 내려갈 것인지도 결정해야 한다. 이 단계에서 수학자가 참여해 어떤 상황에서 수치에 변화가 생길지를 수학적인 공식으로 만드는 작업이 진행된다. 동시에 게임의 규칙을 정하는 일이 진행된다. 각각의 펙터를 통해 어떤 상호 작용을 일으킬 수 있을지 고민하는 것이다. 예를 들어 무역을 할 때 몇 레벨 이상 되는 이들만 물건을 판매할 수 있다든지, 물건 거래는 경매로 할 것인지 오픈 마켓에 올릴 것인지 등의 디테일을 정한다.

우리는 이미 정해진 규칙 내에 들어가 살기 때문에 자각하지 못하지만, 게임은 아무것도 없는 빈 공간을 하나씩 채워 넣으면서 상호 간의 오류나 충돌이 일어나지 않도록 규칙을 디테일하게 만들어가는 작업이다. 수학자와 경제학자는 규칙을 정하고 밸런스가 맞는지 상황을 바꿔 가면서 시뮬레이션하는 작업을 반복한다. 경제학자는 게임 내에서 유통되는 전체 화폐량을 결정하고, 기본 제공되는 물품으로 어떤 것을 얼마나 지급할 것인지도 정해야 한다. 아무리 화려한 그래픽으로 무장한 게임이라 하더라도 밸런스가 맞지 않으면 생명력이 짧다. 레벨 업이 지나치게 어렵거나 쉬우면 유저들은 빠르게 흥미를 잃는다. 화폐를 너무 많이 나눠주면 인플레이션이 발생하고, 실제 경제를 적용해 타이트하게 화폐를 나눠주면 판타지가 사라져 게임 안에 길게 머무르지 않는다. 경제 전문가는 이러한 심리를 숫자로 표현하고 적정한 지점을 찾아가는 작업을 하게 된다.

게임 PD가 되려면 무엇을 전공해야 할까

종합 예술이 된 게임

시나리오, 세계관, 캐릭터, 규칙과 밸런스 등을 확정한 다음에야 프로
그래밍이 시작된다. 프로그램은 크게 3가지로 나뉜다. 사용자의 PC나
스마트폰에 적용되는 것을 클라이언트 프로그램이라 하는데, 스마트
폰에서 즐길 것인지 PC에서 즐길 것인지에 따라 프로그래밍이 달라진
다. 온라인 게임의 경우 게임 회사가 운영하는 서버에 수십에서 수백만
명의 유저가 접속해 게임을 즐긴다. 이때는 서버에 접속한 유저들끼리
의 상호 작용을 해야 하기 때문에 서버 프로그래밍도 필요하다. 마지막
으로 DB 프로그램도 개발해야 한다. 앞서 밸런스를 잡기 위해 수학자
와 경제학자들이 정리한 내용이 서버에 숫자로 저장되어 있다. 건물이
나 숲, 강, NPC는 물론이고 캐릭터가 게임 안에서 활동하며 획득한 물
건의 위치도 모두 DB에 숫자로 정리돼 있다.

사용자 인터페이스나 경험의 흐름을 디자인할 때는 UI 디자이너와
UX 디자이너가 참여한다. 모바일 게임에서는 캐릭터의 움직임을 제어
하는 버튼을 스마트폰 화면 어느 곳에 배치해야 피로감이 덜한지, 체력
바는 어느 곳에 띄워야 좋은지, 돈이 든 주머니는 어디에 올려두는 것
이 좋은지 등을 결정해야 한다. 따라서 UI 디자이너는 디자인 전공자
라 하더라도 심리학이나 산업공학에 대한 지식을 갖추고 있어야 한다.
요즘은 UX 디자이너의 역할도 커졌다. 유저가 게임을 하는 동안 버튼
을 밀고 당기고 누르는 행위를 통해 어떠한 경험을 하게 되는지를 디자
인하는 것이다. 만약 한 시간 동안 게임을 하면서 아이템을 구매하느라

카드 결제한 기억만 남았다면 그 게임은 금방 사장되고 말 것이다. 10만 원어치의 아이템을 구매했다 하더라도, 캐릭터가 성장했다는 사실이 더 크게 와 닿아야 미처 구매하지 못한 아이템을 구매하기 위해 다시 게임에 접속하게 된다. UX 디자이너는 심리학이나 인지 과학, 산업 공학을 전공한 이들이 많다.

소리를 입히는 과정도 몇 단계로 나뉜다. 배경 음악, 메인 테마곡, 효과음 등 각기 다른 전문가가 작업한다. 캐릭터 목소리를 위해 성우들이 참여하기도 하고, 영화 사운드트랙 작업하던 팀이 배경 음악과 메인 테마곡을 만들기도 한다. 때로는 클래식 연주자들을 섭외해 녹음하기도 하고, 때로는 인기 가수가 메인 테마곡을 부르기도 한다. 효과음의 경우 대부분 마켓에서 구매하지만, 영화 〈봄날은 간다〉에서처럼 효과음만 전문으로 제작하는 팀도 있다. 이렇게 만든 음악들은 게임 OST 앨범으로 발매되기도 한다. 이렇듯 과거 영화와 애니메이션에서 주로 활동하던 사운드팀이 게임으로 영역을 확장하고 있다.

출시 후에도 지속적으로 관리

최근에는 게임 안에 광고를 실어주는 에이전시도 등장했다. 만약 축구 게임을 제작한다고 하면 게임 축구장 광고판을 실제 광고로 채워주는 것이다. '비드스택Bidstack'의 모듈을 끌어와 게임을 제작하면 무료로 게임을 배포하고 기업 광고를 붙여 수익을 내는 것이 가능해진다. TV

와 라디오, 포털 사이트, 신문, 잡지 등 전통 매체의 수익 구조를 게임 안에서 실현하는 것이다. 유저의 사용량을 기반으로 매칭 광고를 할 수 있기 때문에 광고 효과가 높을뿐더러 실존하는 브랜드의 광고판이 게임의 실재감을 높여주는 효과도 있다. 전통 매체의 광고팀에서 일하던 인력도 게임 회사 광고팀으로 일자리를 찾게 될지도 모른다.

완성된 게임은 정식으로 서비스하기 전에 몇 단계의 테스트를 거치며 오류를 잡아낸다. 예를 들어 캐릭터가 칼을 획득하면 점프를 뛸 수 있다고 치자. 초가집 지붕이든 나무 위든 뛰어내렸을 때 바닥에 제대로 착지할 수 있는지를 게임 맵 전체에서 테스트해 봐야 한다. 테스터들은 게임 맵을 작게 쪼개서 이 과정을 끊임없이 반복해 오류를 찾아낸다. 1단계 테스트를 마친 게임은 내부 직원과 충성도 높은 고객들을 대상으로 클로즈드 테스트를 진행한다. 정식 오픈 전 내부 테스트 과정인데, 실제로 여러 명이 서버에 접속해 실전처럼 게임하면서 오류를 찾는다. 이 과정에서 아무런 문제가 발생하지 않는다면 일반 유저를 대상으로 베타 버전을 공개해 한 번 더 오류를 체크한다. 그러고 나서 정식 오픈을 하게 된다.

예전에 은행 업무 관련 기능성 게임 개발에 참여한 적이 있다. 화폐 교육을 위한 게임이었는데, 게임 개발 후 고등학생들과 함께 클로즈드 테스트를 진행했다. 이때 웃지 못할 사건이 발생했다. 고무와 철, 유리, 나무 등의 재료를 거래를 통해 획득하고 조합해 값비싼 물건을 만들어 판매해 돈을 버는 게임이었는데, 결정적인 문제가 있었다. 마이너스 송금을 막아놓지 않은 것이다. 혹시 하는 마음으로 모든 유저에게 마이너스 1억 원씩 송금했고, 나는 순식간에 재벌이 됐다. 신기하게도 게임을 테스트했던 100명의 학생 중에 단 한 명도 마이너스 송금을 한 사람이 없었다. 이미 현실 세계의 은행 규칙이 익숙하기 때문이다.

게임이 출시된 후에도 일반적인 지원 업무가 계속된다. 만약 국내 게임을 해외에서도 출시하려면 해외 에이전시를 찾아 계약을 해야 한다. 이 과정에서 무역과 법률, 경영 전략 등을 담당할 인문사회 계열 전공자들이 필요하다. 게임을 전혀 모르는 이들보다는 게임에 대한 이해도가 높은 사람이 이 업무를 하기에 훨씬 수월할 것이다.

게임 마스터라는 직업도 있다. 게임 세계를 운영해 주는, 신이나 법관, 경찰관 같은 존재다. 게임 마스터는 게임이 출시된 후 문제가 없는지 모니터링하고, 유저들이 보낸 메일도 체크하면서 문제가 발생하면 찾아가 대응하는 일을 한다. 만약 초가집에서 점프하다가 잘못 착지해 발이 땅에 파묻혀 움직일 수 없다면, 게임 마스터가 전용 프로그램을 이용해 해당 유저를 다른 곳으로 옮겨준다. 그리고 프로그램 오류를 신고해 바로잡을 수 있도록 하는 것도 게임 마스터의 역할이다. 게시판 관리자 모드처럼 프로그래밍 과정에서 게임 마스터용 프로그램을 별도로 제작한다.

미래의 일자리도 게임 안에 있다

대작 게임을 만들면 천문학적 단위의 예산이 필요하다. 국내 출시 게임

게임 PD가 되려면 무엇을 전공해야 할까

중 스마일게이트가 제작한 〈로스트 아크Lost Ark〉는 1,000억 원, 네오위즈게임즈의 〈블레스BLESS〉는 약 700억 원, 엔씨소프트의 〈리니지2〉는 약 500억 원의 개발 비용이 들었다. 해외 사례를 보면 폴란드에서 제작한 〈사이버 펑크 2077Cyberpunk 2077〉은 3,500억 원의 제작비가 들었다. 자본의 흐름을 보면 미래의 일자리를 어느 산업에서 만들어낼 수 있는지 짐작할 수 있을 것이다.

게임 산업과 직업에 대한 이야기를 들려주면, 게임을 좋아하는 아이들은 게임 PD가 되고 싶은데 무슨 학과에 진학해야 하느냐고 묻는다. 방송 PD가 모두 신문방송학을 전공한 것이 아니듯, 게임 PD도 모두 게임을 전공한 것은 아니다. 국문과 출신도 있고 경영학과 출신도 있으며, 전공에 맞춰 게임 회사에서 일하다가 역량이 점점 커져 PD가 되는 경우도 있다.

작곡을 전공하고 게임 OST를 만들 수도 있고, 산업디자인을 전공하고 게임 UI를 디자인할 수도 있다. 철학이나 신학을 전공하고 게임 세계관 작가가 될 수도 있고, 마케팅을 전공하고 게임 캐릭터 개발에 참여할 수도 있다. 무엇을 공부하든 게임을 좋아하는 아이는 게임 안에서 기회를 찾을 수 있다. 전공을 살려 일반 회사에서 일하면서 실무 경험을 쌓은 뒤 게임 회사로 이직을 해도 괜찮다. 게임학과의 커리큘럼 역시 프로그래머에 초점을 맞춘 과목이 많지만 문학 개론, 예술학 개론, 창의적 사고와 글쓰기, 문화 산업 개론과 같은 과목도 있다.

‖ 10 ‖
게임에 빠진 남편, 고스톱 치는 할머니

게임에 뺏긴 남편 구출하기

게임에 빠진 게 죄는 아니잖아! 게임에 빠진 아이는 걱정스럽지만, 게임에 빠진 남편은 꼴도 보기 싫다. 현실 세계에서는 절대적으로 부족한 탐험-소통-성취를 찾아 현대식 동굴로 떠나는 것을 전혀 이해하지 못하는 것은 아니지만, 퇴근 후 집에 돌아와 동굴에만 머문다면 게임에 빠진 게 죄가 된다.

　남편이 게임 중독 직전이라고 여겨진다면 이를 개선하기 위한 노력이 필요하다. "게임 좀 작작해.", "중독이 별거야, 당신이 게임 중독이지.", "애도 아니고 게임이 뭐라고 그렇게 집착해."라고 한다면 100% 배척당할 것이다. 견고하게 쌓아놓은 성이 아무것도 아니라고 무시를 당하는 순간 소통의 창은 닫혀버리고 만다. 겁나는 게 아니다. 아무것도 모르면서 별것 아닌 걸로 취급하는 태도에 화가 나 단절을 택하는 것이다. 보다 조심스럽게 접근해야 한다. "당신이 빠져 있는 게임이 뭔지 궁금하다."고 말하는 편이 훨씬 좋다. 같이 게임을 할 수 있는 환경이라면 더욱 좋다. 같이 게임하면서 동료 의식이 생겨야 다음 단계를 요구할 수 있기 때문이다. "게임하는 건 괜찮은데, 게임만 하니까 건강이 걱정이다."며 접근할 수 있는 것. 실제로 프로 게이머는 허리 디스크와 손목 터널 증후군, 치질 등을 달고 산다. 더욱이 나이가 많다면 질병에 걸릴 확률이 훨씬 높아진다. 그러니 게임하는 것도 좋지만, 동굴 밖에서 즐길 수 있는 다른 여가 활동도 했으면 좋겠다고 제안하는 게 좋다. 게임으로 형성된 동료 의식은 신뢰로 이어지고, 신뢰할 수 있는 사람이 하는 얘기는 귀 기울여 듣는 게 본능이다. 비로소 행동이 바뀔 가능성이 높아진다.

함께 게임하자는 제안을 남편이 거절할 수도 있다. 일부 게임은 자극적인 언어가 오가는 경우가 많은데 그것을 굳이 아내에게 보여주고 싶지 않고, 게임 세계의 친구를 아내와 공유하고 싶지도 않기 때문이다. 현실 공간은 하나의 우주이지만, 게임이라는 메타버스에는 자신이 구축해 놓은 캐릭터가 있다. 비단 게임을 하며 나쁜 짓을 해서가 아니다. 그저 자신의 새로운 우주에 가족이 들어오는 것이 꺼려질 수도 있는 법이다. 그 빗장을 풀려면 시간과 노력이 필요하다. "가상의 게임 세계를 함께 사는 집에 있는 하나의 방이라고 가정하고, 방을 공유하지는 않더라도 문을 잠그거나 들어오려는 사람을 막으면 안 된다."고 설득해야 한다. 이럴 때는 게임을 함께하자는 말보다는 당신이 좋아하는 게임이 궁금하다는 메시지를 먼저 전달하는 것이 더 중요하다. 게임 캐릭

터가 게임 내에서 모험을 하며 성장하듯 남편의 우주에 들어가기 위해
서는 단계적인 노력이 필요하다.

게임 중독은 나이를 가리지 않는다

게임만 하는 남편보다 안타까운 것은 휴대폰만 보는 어르신들이다. 코
로나19 팬데믹으로 인해 어르신들도 생활 반경이 좁아졌다. 친구끼리
영상 통화도 하고 동영상 학습을 하는 아이들과 달리 할 수 있는 일이
급격히 줄어 우울감을 호소하는 분들도 크게 늘었다. 모임이 사라지
자 갈 곳을 잃은 어르신들의 유일한 여가는 TV로 트로트 프로그램을
시청하고 유튜브로 복습하는 것. 그나마도 스마트폰을 능숙하게 다룰
줄 아는 분들에 한한 얘기다. 본 걸 또 보고 계신 모습을 보면서 핀잔을
주어서는 안 된다. 재미있어서 반복하는 것이 아니라 남는 시간을 보낼
만한 대안이 없어서 어쩔 수 없이 반복하는 것이니까. 모바일 고스톱에
빠진 분들도 마찬가지다.

　　만약 가족 여럿이 모여서 대화를 하는데도 어르신께서 전혀 흥미
를 느끼지 못하고 휴대폰만 들여다보고 있다면 심각한 상황이다. 놀
이 거리가 없고 함께 놀 사람이 없을 때 게임하는 것은 괜찮지만, 여럿
이 모여 있을 때도 대화에 집중하지 못하고 휴대폰만 보고 있다면 게임
과몰입이 아닌지 의심해 봐야 한다. 모바일 게임은 한번 접속하면 쉽게
벗어날 수 없도록 영리하게 설계돼 있다. 몇 시간 이내에 다시 접속해

야 아이템을 준다거나 알람을 울려준다. 게임을 시작하고 일정 시간 내에 종료하면 지급했던 아이템을 빼앗는 경우도 있다. 그러다 보니 게임보다 사회적인 활동이 중요하다는 것을 알면서도 게임에서 빠져나오지 못한다. 극단적으로 팬데믹이 종식되더라도 모임보다 혼자 게임하는 걸 더 즐길 수도 있다. 이 경우는 자녀가 개입해야 한다. 가장 간단하고 확실한 방법은 병원에 모시고 가는 일. 그러나 부모님을 모시고 '게임과몰입힐링센터'에 간다는 것이 생각처럼 쉬운 일이 아니다.

자녀들이 보기에는 부모님이 고스톱을 좋아하는 것으로 보이지만, 당사자는 게임 안에서 다른 경험을 할 수도 있다. 가족들이 모두 모여서 함께 식사하는 것보다 더 좋은 경험이 무엇인지 알아야 게임에서 벗어나지 못하는 부모를 구출할 수 있다. 가장 쉬운 방법은 자녀도 같은 게임을 다운로드해 함께해 보는 것. 공감대가 형성된 후에는 감정을 털어놔도 괜찮다.

목적을 이뤄주는 세련된 대화의 기술

대화에도 기술이 있다. 상대가 변화하길 기대한다면 상대방의 단점을 지적하는 것보다 나의 감정에 대해 이야기하는 것이 효과적이다. 친밀한 사이일수록 나의 감정을 솔직하게 털어놓는 것이 중요하다. 나의 감정을 털어놓는 것으로 상대가 설득되지 않는다면 인격에 대해 얘기하는 것도 좋다. "게임 좀 하지 마세요."보다는 "나는 이러다가 엄마가 게임 중독자가 될까 봐 걱정이에요."라고 말하는 것이 효과적이다. 아이가 거짓말을 할 때 "거짓말하지 마."보다 "나는 우리 딸이 거짓말쟁이가 될까 봐 걱정돼."라고 말하는 것이 더 효과적인 것과 같은 원리다. 게임 과몰입에 빠진 이는 10시간 동안 쉬지 않고 게임을 하더라도 스스로 과몰입이라고 깨닫지 못한다. 제삼자로부터 "당신이 게임 중독자가 될까 봐 걱정입니다."라는 말을 들은 후에야 심각하게 받아들이는 경우가 많다.

'나'의 입장에서 '너의 인격'이 걱정된다는 화법이 효과적이라는 것은 실험으로도 증명된 바 있다. 수업 시간에 학생들에게 머릿속으로 1부터 100까지 숫자 중 하나를 떠올리라고 한 다음 짝수를 떠올렸던 아이들에게 1달러씩 주고 홀수를 떠올린 아이에게는 돈을 주지 않았다. 실험을 진행하면서 한 집단에는 "나와의 관계가 있으니 거짓말은 하지 말라."고 말하고, 다른 집단에는 "1달러를 받기 위해 거짓말을 한다면 당신은 거짓말쟁이가 되는 것이다."고 경고한 다음 각자 머릿속에 떠올린 숫자를 들려달라고 한다. 교실 문밖에 커다란 종이를 붙여두고, 거짓말을 한 학생들은 실험을 마친 후 교실에서 나갈 때 종이에 동그라미를 표기해 달라고 당부했다. 익명이 솔직하다는 가정 아래 결과를 보면 후자 쪽이 거짓말을 하는 경우가 훨씬 적게 나왔다. 게임 중독에 걸린 부모뿐 아니라 남편이나 아이에게도 공통으로 적용되는 화법이다.

게임에 빠진 남편, 고스톱 치는 할머니

부모가 만들어주면 좋은 게임

행복을 추구하는 웰빙, 존엄하게 생을 마감하는 웰다잉에 이어 웰플레잉well-playing이 필요한 시대다. 게임 안 하는 아이는 없고 게임하는 것을 막을 수도 없으니 '어차피 할 게임 행복하게 하자'는 마인드로 바뀌었다면, 가정에서 보드게임을 만들어 온라인 게임을 하는 시간을 줄여볼 것을 권한다. 내가 직접 만들어 아이들과 함께했던 게임 중 호응이 높았던 게임을 소개한다. 특별한 재료 없이 누구나 쉽게 만들 수 있고, 몰입도를 높이기 위해 가족들의 상황에 따라 변형도 가능하다.

● 가우스의 봉인
아이들이 좋아하는 방 탈출 게임에서 아이디어를 얻어 만든 게임이다. 작은 상자에 스마트폰을 넣고 자물쇠로 잠근 다음 10~20문제의 정답을 맞히면 가우스의 봉인을 풀어낼 비밀번호를 얻을 수 있다. 이 게임의 핵심은 10~20문제의 정답을 한 번에 맞히는 것이다. 자물쇠가 안 열리면 아이는 헷갈렸던 문제를 다시 풀어보고, 이러한 과정이 반복되면 스스로 어떤 부분이 부족한지 깨닫게 된다. 문제집을 풀 때는 빨리 풀고 정답을 맞춰본 다음 틀린 문제 풀이를 확인하는 것보다 더 효과적인 학습법이다.

게임의 묘미는 반전이다. 비밀번호를 풀어 상자를 열었을 때 스마트폰 외에 용돈이나 선물이 든 봉투를 발견해 깜짝 놀랄 수 있도록 몰래 넣어두면 좋다. 약속된 것이 아닌 보너스를 얻는 기쁨이 아이가 더 문제를 열심히 푸게 하는 동력이 될 것이다.

● **공주를 구하는 길**

하루에 풀어야 할 문제의 수가 적힌 말판을 만든다. 말판 사이사이에 행운권을 놓아둔다. 문제는 난이도가 쉬운 것에서 어려운 것으로 순차적으로 배치하고, 말판은 게임이 진행될수록 한 번에 풀 수 있는 문제를 줄이고 건너야 할 칸의 수를 늘리는 식으로 제작한다. 예를 들어 처음에는 1단계 문제를 한 번에 8개 풀어야 다음 단계로 이동할 수 있고, 4칸을 건너야 행운권을 추첨할 수 있게 하는 것. 다음 단계는 난이도를 높여 2단계 문제를 한 번에 7개 풀어야 다음 단계로 이동할 수 있고, 5칸을 건너야 행운권을 추첨할 수 있도록 설계하는 것이다. 게임을 진행할수록 미션의 난이도는 높아지지만 각 단계에서 해결해야 할 미션은 줄어드는 것, 그러나 이동해야 할 거리는 늘어나는 것은 게임 설계의 기본 원리다. 행운권에는 'TV 시청', '극장에서 영화 관람', '목말 타고 집 안 일주', '마당에서 농구 한 판' 등 아이들이 좋아하는 놀이를 적어둔다. 행운권에는 부정적인 내용이 없어야 한다. 게임을 진행할수록 즐거운 경험을 주는 것 역시 게임의 기본 원칙이다. 이 게임의 제목이 '공주를 구하는 길'인 이유는 마지막 단계인 성에 도달하면 당시 아이들이 사달라고 했던 인형이 선물로 있었기 때문이다.

아이들이 중학생이 된 뒤에는 이러한 게임이 통하지 않아서 가상 화폐 제도만 남

부모가 만들어주면 좋은 게임

겨뒀다. 착한 일, 칭찬 받을 일을 하면 가상 화폐를 주고 집 안에서 사용할 수 있도록 했다. 떡볶이를 먹고 싶거나 갖고 싶은 옷이 생기면 가상 화폐를 지불하고 부모에게 요구할 수 있는 식이었다.

온라인 게임보다 현실에 재미있는 놀이가 있으면 아이들은 굳이 온라인 세계에만 머물려들지 않는다는 것을 반드시 기억해 주길 바란다.

물론 인간에겐 고약한 심보가 있다. 내가 나쁘다고 생각했던 것의 장점을 알게 된 다음에는 설득되고 싶지 않아 안 되는 이유를 찾는다. "당신은 대학교수이고, 로보틱스와 인지 과학을 전공하고 게임을 연구하고 있으니 컨트롤이 가능한 것이다, 당신이 육아에 대해 무엇을 아느냐!" 이런 태도를 충분히 취할 수 있다. 직접 게임을 만드는 것이 부담된다면 좋은 게임을 찾아주면 된다. 콘텐츠진흥원에서 운영하는 기능성게임종합포털seriousgame.kocca.kr에는 교육에 도움이 되는 국내외 게임을 소개하고 있다. 큰 자본이 들어간 게임처럼 그래픽과 사운드가 화려하지는 않지만, 스토리가 훌륭해 몰입도가 높은 게임이 많다. 누구나 무료로 다운로드할 수 있으며, 학습용으로 활용해도 된다.

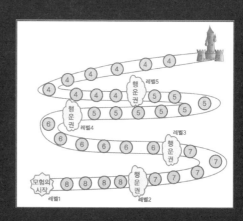

집에 있는 도구를 활용해 만들 수 있는 게임
<가우스의 봉인>과 <공주를 구하는 길>

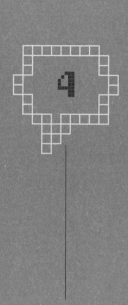

게임은 시대의 표준 문화다

‖ 1 ‖
게임은 시대의 표준 문화다

Scene 1. 파이널 판타지 - 최후의 날

〈파이널 판타지 14〉는 설계에 오류가 있었다. 게임 개발사인 스퀘어에 닉스Square Enix는 인력을 총동원해 수정 작업에 착수했으나 오류를 바로잡는 데 한계가 있었다. 개발팀과 운영팀은 고객들의 온갖 욕설과 사내에서의 비판으로 지칠 대로 지친 상황. 장고 끝에 세계를 붕괴시키고 새롭게 탄생시키기로 한다. 리부트 프로젝트에 돌입한 개발팀은 유저들이 눈치채지 못하도록 세계관 멸망을 향한 단서들을 풀기 시작한다. 각종 추측으로 커뮤니티들이 불타올랐고, 유저들은 불편함을 감수하고 그냥 게임을 즐기고자 했다.

의견이 팽팽하게 대립하던 어느 날, 게임 운영사에서 서버를 닫는 날짜와 시간을 공지했다. 서비스 종료일에 다다르자 게임 세계는 혼돈 그 자체였다. 유저들에게 서버가 닫힌다는 것은 곧 하나의 세계가 멸망

<파이널 판타지 14>의 마지막을 예고하는 게임 개발사 스퀘어에닉스의 광고 영상

5~6년이나 지속된 <리니지> 바츠 해방 전쟁.

하는 것을 의미한다. 온라인 커뮤니티가 시끌시끌했다. 물론 유저들도 알고 있었다. 이 버전이 서비스를 중지해야 업그레이드된 오류 없는 게임이 출시된다는 것을. 수많은 유저가 현실을 부정하고 있을 때 재미있는 사건이 발생했다. 서버가 닫히는 것을 '마지막 전쟁'이라 부르기 시작한 것이다. 이기지 못할 거란 걸 알면서도 많은 유저가 카운트다운 당일 게임 세계로 몰려왔다. 패배가 확정된 순간 게임을 하면서 그동안 편 갈라 싸우던 유저들이 모두 한편이 됐다. 레벨이 높고 아이템을 많이 가진 이들이 앞장서서 전쟁에 임했다. 자신이 가진 무기를 나눠주고, 상대적으로 약한 유저들을 보호했다. 마지막 순간에 마법사 할아버지 같은 캐릭터가 나와 지팡이로 땅을 두드리면서 "워프Warp!"라고 외쳤고, 서버는 닫혔다. 마법사 할아버지가 유저들을 끌고 다음 시리즈로 공간 이동을 하는 설정이었다. 시리즈 간의 경험이 이어지도록 설계한 것이다.

Scene 2. 리니지 - 바츠 해방 전쟁

〈리니지〉는 1993년 간행된 신일숙 작가의 만화를 원작으로 한다. 중세 유럽을 무대로 아버지의 원수를 갚고 왕권을 되찾는다는 내용. 플레이어는 기사, 요정, 마법사, 군주 캐릭터 중 하나를 선택할 수 있고, 전쟁을 치르면서 경험치가 쌓이는 게임이다. 〈리니지〉 유저들 사이에서는 '바츠 해방 전쟁'이 회자된다. 성을 점령한 플레이어는 영주가 돼 원래

게임은 시대의 표준 문화다

성에 살던 이들에게 세금을 걸을 수 있다. 몇 개의 서버가 각각의 성이 된다고 보면 된다. '바츠'는 서버 이름이자 성의 이름이다. 바츠를 점령한 드래곤나이트Dragon Knights는 폭군이었다. 세율을 계속 높였고, 점령당한 이들은 괴로워했다. 바츠의 소식이 다른 서버로 전해졌다. 엄밀히 말하면 〈리니지〉에서 각각의 서버는 평행 우주 같은 거라 연결되는 세계관이 없다. 당연히 서버를 이동하면 캐릭터가 초기화돼 모아놓은 아이템을 사용할 수도 없다. 그럼에도 많은 유저가 타 서버에서 넘어와 해방 전쟁을 벌였다. 초기 아이템만 가지고 인해전술을 펼쳤는데, 초기화된 캐릭터가 입고 있는 옷이 내복처럼 보인다고 해서 이들을 '내복단'이라고 부르기도 했다.

놀랍게도 바츠 해방 전쟁은 무려 5~6년이나 지속됐다. 참여 인원은 20만 명 정도. 현실에서도 20만 명의 사람이 그렇게 오랫동안 치른 전쟁은 드물다. 결국 20만 명의 내복단은 드래곤나이트를 몰아내고 바츠 서버를 탈환하는 데 성공했고, 한동안 평화가 찾아왔다. 그리고 다시 분열되길 거듭했다. 현실보다 더 현실 같은 일이 게임 안에서 벌어졌다. 만날 게임의 폭력성에 대한 뉴스만 보다가 인류애를 되찾는 계기가 된 사건이었다.

Scene 3. 월드 오브 워크래프트 - 오염된 피 사건

〈월드 오브 워크래프트〉 유저라면 누구나 코로나19 팬데믹 뉴스를 보

© blizzard.com

코로나19 팬데믹에 앞서 유사한 케이스인
'오염된 피 사건'이 벌어졌던 <월드 오브 워크래프트>

며 '오염된 피 사건'을 한 번쯤 떠올렸을 것이다. 〈월드 오브 워크래프트〉는 인간과 오크의 대립을 그린 중세 판타지 게임인 〈워크래프트〉의 세계관을 바탕으로 만든 롤플레잉 게임이다. 게임 내에는 피를 토하는 괴물이 사는 동굴이 있는데, 그곳에 들어가 미션을 수행하고 나와야 한다. 괴물과 만나면 바이러스에 감염돼 체력이 떨어지고, 미션 수행 후 밖으로 나오면 자연 치유되는 시스템. 그런데 설계에 오류가 있었다. 게임 안에는 유저가 반려동물처럼 함께 다닐 수 있는 소환수가 있다. 유저가 동굴 안에서 소환수를 꺼내면 함께 감염되는데, 밖으로 나와도 소환수는 치료가 안 됐다. 이 사실을 모른 채 한 유저가 바이러스에 감염된 소환수와 함께 대도시로 이동했고, 감염병이 퍼지기 시작했다.

게임 안에는 병원이나 경찰이 없어 통제하기 힘든 상황. 그런데 놀라운 일이 벌어졌다. 마법으로 타인을 치료할 수 있는 힐러는 의사가 됐고, 전투 능력이 좋은 무사들은 스크럼을 짜 통제 지역으로 사람이 이동하지 못하도록 막았다. 완벽하게 치료하지 못하더라도 전파 속도를 늦춰 게임 회사가 버그를 잡을 수 있을 때까지 시간을 벌어준 것이다. 〈월드 오브 워크래프트〉는 나와 상관없는 유저를 이유 없이 도와주는 게임이 아니다. '오염된 피 사건'에서 가장 많이 희생된 건 힐러였다. 코로나19 상황에서 가장 큰 희생을 하고 있는 것도 의료진이다. 과연 인간은 게임 안에서처럼 재난이 닥쳤을 때 개인의 이득이 아닌 세계의 유지를 위해 자신을 희생하고 연대할 수 있을지 궁금했다.

기술과 예술의 접점에서 피어난 문화

게임이 기술이냐, 예술이냐 묻는다면 접점에서 피어난 문화라고 답할 것이다. 몇 해 전 문화체육관광부 요청으로 강연한 적이 있다. 테마 중 하나가 '게임은 문화다'였다. 강연 중 한 사람이 물었다. "대체 문화가 뭘까요?" 문화의 사전적 정의는 '일반적으로 한 사회의 주요한 행동 양식이나 상징체계'를 말한다. 우리나라 인구의 절반 이상이 게임을 하니까 게임은 주요한 행동 양식 안에 들어가 있는 게 맞는데, 그렇다면 게임은 문화일까. 반대 의견도 있다. 특정 연령층의 놀이 거리일 뿐 저변이 좁다는 주장이다.

얼마 전 이에 대해 곰곰이 생각해 봤다. 2020년은 트로트의 해였다. 〈미스 트롯〉에 이어 〈미스터 트롯〉이 크게 흥행하면서 트로트는 문화계의 빅 이슈로 떠올랐다. 트로트를 즐기는 인구보다 게임을 즐기는 인구가 훨씬 많으니 게임의 저변이 좁다는 데는 오류가 있다. 내가 좋아하지 않는 것, 그래서 내 시선이 닿지 않는다고 해서 존재하지 않는 것은 아니다. 그제야 답을 찾았다. 게임은 문화의 한 장르가 맞다.

게임 업계에도 게임이 문화로 불리는 것을 달가워하지 않는 이들이 있다. 재미있으면 됐지, 굳이 문화까지 되어야 하느냐는 것이다. 아마도 그네들이 생각하는 문화란 말의 괄호 속에는 '고급스럽고 도덕적이면서 윤리적인 활동'이라고 쓰여 있는 모양이다. 그 프레임으로 "게임은 문화다."라는 주장을 하려면 게임 안에서 전쟁을 일으키고 도둑질을 하며 총을 쏘는 자극적인 설정은 사라져야 한다고 생각하는 듯하

게임은 시대의 표준 문화다

다. 그래서 게임이 문화라 불리는 것을 꺼려하는 게임 제작자가 많은 것이다. 게임이 고고해야 한다는 틀에 갇혀 있다면 그 안에 갇혀 자유로운 창작이 일어나지 않는다는 것. 과연 그럴까.

정교하게 설계해 사용자가 완성시키는 문화

제작 과정을 자세히 들여다보면 게임이 기술과 예술이 융합된 종합 매체라는 것이 더욱 잘 드러난다. 게임을 만드는 첫 단계는 세계관을 구축하는 일이다. 지구와 다른 평행 우주가 존재하고, 그곳에는 3개의 종족이 살고 있으며, 각각의 종족은 어떠한 신체적 특징과 문화적 특질을 가지고 있는지 정한 다음 세계관을 만들어간다. 굵직한 이야기 구조를 만든 다음에는 캐릭터의 성격, 외모, 능력 등을 세밀하게 설계하고, 관계도를 그리면서 주요 인물과 주변 인물을 창조한다. 여기까지는 소설이나 영화 시나리오를 작업하는 과정과 비슷하다. 세계관을 만들어 이야기를 시작하는 것은 개발자이지만, 세계관을 배경으로 이야기를 이어 나가는 것은 플레이어의 몫이다.

스토리가 어느 정도 완성되면 그래픽 작업이 진행된다. 창조된 캐릭터를 움직이고 조작시키려면 프로그래밍이 필요하다. 음악과 효과음도 전문가에 의해 탄생된다. 게임은 기술과 예술의 접점에서 피어난 문화라고 주장하는 이유다. K-팝, 영화, 드라마, 소설 등이 창작자, 아티스트가 대중에게 한 방향으로 전해 주는 문화라면, 게임은 창작가가

보여주는 기본적 세상에 수많은 유저가 들어와 상호 작용하면서 함께

만들어가는 세상, 함께 키워가는 문화인 셈이다.

‖ 2 ‖
신박한 세계관을 찾습니다, ‘겜춘문예’

게임에서 가장 중요한 것은 탄탄한 세계관

서울대 학생들이 〈21Days〉라는 게임을 만들었다. 시리아 난민이 유럽으로 넘어가 살아남기 위해 의사 결정을 하는 선택 게임이다. ‘일해서 돈 벌기 vs 굶어서 에너지 아끼기’, ‘돈이 생겼을 경우 빵 사 먹기 vs 고향에 남은 가족에게 보내기’ 등 플레이어는 매 순간 어려운 선택을 해야 한다. 학생들이 만든 게임이라 자본에 한계가 있어서인지 그래픽과 음악, 스토리 등의 외피는 매우 허술하다. 게임 안에서 얻을 수 있는 경험인 경쟁, 성장, 통제 중 무엇도 주지 못한다. 하지만 난민에 대한 생각을 바꿔놓기에 충분했다. 게임이 담고 있는 이야기 때문이다.

게임을 제작할 때 가장 중요한 것은 배경이 되는 이야기, 즉 세계관이다. 게임의 본질은 경험이고, 경험은 이야기에서 나온다. 그래서 게임은 문학적이다. ‘겜춘문예’는 게임인재단에서 진행하는 문예 창작 공

시리아 난민의 독일 생존기 <21Days>은 생존을 위해
매 순간 어려운 의사 결정을 해야 하는 선택 게임이다.

모전이다. 2017년에는 게임의 재미와 긍정적인 요소에 대한 공감을 이끌어내기 위해 게임과 관련된 다양한 이야기를 수집해 시상했고, 2018년에는 '비매너 플레이어들에게 고함'이라는 주제로 게임하면서 마주한 비매너의 순간들에 대한 이야기를 모았다. 2019년부터는 시상식의 의미가 조금 달라졌다. 한국사 게임 속 캐릭터는 어떤 모습일지 게임 캐릭터 디자인과 설정을 주제로 시상식을 진행한 것. 초창기 '겜춘문예'가 게임과 관련된 다양한 경험을 공유하고 공감을 이끌어내기 위한 목적이 있었다면, 최근에는 게임 스토리를 발굴하기 위한 장으로 진화하고 있는 듯하다.

2020년에는 '모든 한국적인 것'을 주제로 응모작을 받았고, 도깨비와 탈 등의 요소가 가미된 한국적 캐주얼 게임의 스토리라인을 구상해 일러스트로 표현한 작품이 대상을 수상했다.

개발자와 사용자의 상호 작용으로 완성되는 게임 문학

게임의 세계관은 영화, 만화, 드라마 등 다른 매체와 어떤 연관성이 있을까. 게임이 기존 매체들과 결정적으로 다른 점은 상호 작용성이다. 기존 매체의 작가는 완성된 이야기의 최종 버전을 시장에 내놓는다. 하지만 게임은 세계관을 구성하고 약간의 스토리를 입혀 시장에 내놓으면 유저들이 나머지 이야기를 각자의 방식으로 완성해 나가는 매체다.

식품의약품안전처 직원 교육 프로그램을 디자인한 적이 있다. 식약처에서는 컴퓨터 시뮬레이션을 통해 새로운 약물로 인해 위기 상황이 발생했을 때의 대응 방법을 훈련한다. 생명과 직결되는 이슈이다 보니 훈련 과정에서 스트레스가 대단했다. 일종의 의사 결정 게임을 활용하는데, 애매한 질문이 많아 실패 확률이 높았다. 단계가 진행될수록 질문은 까다로워졌고, 틀린 답변을 하면 다시 훈련해 1단계부터 도전하는 방식이었다. 반드시 통과해야 하는 필수 교육인데 지루한 데다 어렵기까지 하다면 더욱 회피하고 싶은 교육이 된다. 순간 식약처를 배경으로 미생인 직원 캐릭터가 미션을 해결하면서 성장하는 이야기라면 게임하듯 재미있게 즐길 수 있지 않을까 생각했다. 나는 게임 형식을 빌려 실제와 비슷한 세계관을 만들고, 수많은 테스트 과정을 하나의 이야기로 연결되도록 디자인했다. 틀린 답변을 할 때마다 처음으로 돌아가는 것을 타임이 리와인드되거나 주인공의 의식이 혼미해진 상태라는 설정도 넣었다. 식약처는 지금도 이 프로그램을 사용한다. 직원들의 반응도 이전보다 훨씬 좋아졌다고 한다. 탄탄한 게임 설계를 위해 이 과정에서 나는 4~5개의 중단편 소설을 쓰기도 했다.

다양한 문화 장르와 호환되는 게임 세계관

실제로 소설을 출간하기도 했다. 기업에서 사용하는 게임을 만들다 보니 세계관이 있어야 하는데, 내가 원하는 이야기를 써줄 수 있는 이야기꾼을 찾지 못했다. 게임의 특징을 이해하면서 문학적인 소양도 갖추고 있는 이를 찾는다는 것이 여간 어려운 일이 아니었다. 전공 분야와 관련된 글은 수도 없이 써봤지만 소설을 쓰려고 하니 좀처럼 진도가 나가지 않았다. 좋아하는 작가들의 책을 쌓아놓고 그들은 어떻게 책을 쓰는지 연구했다. 복잡한 등장인물을 정리해 주는 소프트웨어를 발견하고는 굉장히 기뻐했던 기억이 난다.

2018년 출간한 『기억거래소』는 뇌 과학 SF 소설이다. 종종 인간의 기억을 부분적으로 지워주거나 필요한 기억을 입력해 주는 연구가에 대한 기사를 접하곤 하는데, 사람의 기억을 조작할 수 있는 회사가 생겼다는 가정 아래 소설은 진행된다. 기술은 완성되고, 법적인 제도는 구비되지 않은 상태에서 한 기업이 마음대로 기억을 사고팔며 벌어지는 사건을 다룬다. 게임의 세계관을 만들면서 탄생한 소설이라 게임적인 설정이 다분하다. 기억거래소 임원들은 사후 뇌를 적출해 가상 세계인 헤븐 서버에 연결해 죽지 않고 살아가면서 현실 세계를 지배한다는 설정이 포함된다. 『기억거래소』는 방송사와 드라마 판권을 계약한 상태다. 만약 게임으로 출시된다면 어떠한 상호 작용을 할 수 있을지 추가적인 고민을 해봐야 한다.

판이 바뀌고 있다. 국내 게임 산업 총 매출액은 2020년 기준 17조 93억 원이다. 2018년 14조 2,900억 원, 2019년 15조 5,700억 원으로 해마다 9%씩 성장하고 있다. 이는 미래의 일자리가 게임 산업 안에 있음을 의미하기도 한다. 기성세대가 소설가나 드라마 작가를 꿈꾸며 신춘문예에 도전했던 것처럼, 요즘 애들은 게임 세계관 작가를 꿈꾸며 게임 문학상에 도전한다. 게임 세계관을 바탕으로 영화가 제작되기도 하고, 영화 스토리를 게임으로 가져오기도 한다. 게임을 알면 미래를 바라보는 시야 또한 넓어질 것이다.

‖ 3 ‖
현대 미술의 영역으로 걸어 들어간 게임

뉴욕현대미술관에 초대된 게임

2012년 뉴욕현대미술관MoMA은 최초로 게임 전시를 기획한다. 게임이 미술관에서 만날 만한 예술인가에 대한 논의가 있었고, 파울라 안토넬리 큐레이터는 "당연히 게임은 예술이다."라며 "예술을 넘어 게임의 디자인적 가치에 집중한 전시를 기획했다."고 말했다. MoMA가 제시한 작품 선정 기준은 명확했다. 비주얼적인 미학적 가치는 물론이고 사용자의 행동 패턴을 일으키는 요소, 시나리오, 게임 룰, 프로그램 코드까지 포함했다. 게임의 기능과 디자인뿐 아니라 게임과 유저 간의 상호작용도 예술의 범주에 해당된다는 의미다.

　　MoMA의 행보는 미술사에서 특별한 의미를 갖는다. 이전에도 미국의 크고 작은 박물관에서 게임을 예술 작품으로 전시한 적이 있지만, 단편적인 문화 현상일 뿐이었다. 그러나 게임이 최초의 현대 미술관인

MoMA에 전시되었다는 것은 천덕꾸러기였던 게임이 현대 미술의 영역으로 편입되었음을 공언하는 시그널이었다.

정적인 미술관의 활력이 된 게임 원리

석파정서울미술관의 류임상 큐레이터는 어떻게 하면 관람객 수를 늘릴 수 있을까 고민했다. 전 세계의 스테디셀러인 유럽의 대형 미술관 교류전을 열기에는 미술관 규모도 재정도 녹록지 않았다. 일반적인 미술품을 전시하되 많은 사람을 끌어들이기 위해서는 보여주는 방식을 바꿔야겠다고 판단했다. 그리고 게임의 요소를 미술관 안으로 들였다. 먼저 작품을 보여주는 방식을 바꿔봤다. 튜토리얼을 보고 게임을 진행하는 것처럼, 전시에 테마를 입혀 게임처럼 일정한 길을 따라가면서 관람할 수 있게 만든 것. 반응이 괜찮았다. 다음에는 작품 아래 표기하는 설명을 감추고, 관람객이 보물찾기 하듯 찾으면서 관람할 수 있게 전시를 구성했다. 정성스럽게 적어둬도 그냥 지나치는 경우가 많았던 설명을 의도적으로 감추자 오히려 주목도가 높아졌다.

2019년에는 「안 봐도 사는 데 지장 없는 전시」를 기획한다. 전시 목록에는 모바일 게임 〈플로렌스Florence〉도 포함돼 있었다. 평범한 일상을 보내던 플로렌스가 거리에서 첼로를 연주하는 크리시를 만나 사랑에 빠진다는 스토리. 만화와 웹 코믹스에서 영감을 받아 제작된 〈플로렌스〉는 게임이라기보다 애니메이션처럼 느껴진다. 유저는 드래그

현대 미술의 영역으로 걸어 들어간 게임

게임이라기보다 애니메이션에 가까운 모바일 게임 <플로렌스>

와 터치 등의 단순한 조작으로 풋풋한 첫 만남부터 사랑의 설렘, 소소한 다툼, 이별에 이르기까지의 과정을 진행시킬 수 있다. 간단하게 반복되는 조작이지만, 설명을 최소화해 처음 게임을 해본 유저들은 여러 가지 시도를 하면서 게임에 몰입하게 된다. 게임이 끝나고 나면 미션을 해냈다는 뿌듯함보다 영화를 관람한 듯한 여운을 남긴다. 게임이 진행되는 동안 자신의 경험과 감정을 돌아봤기 때문일 것이다.

머지않아 그래미를 정복할 게임 OST

실험적인 시도가 정적인 미술관을 흥미롭게 바꿔놓고 한정된 작품의 영역도 확장시켰다면, 음악에는 어떤 영향을 줬을까. 어렸을 때 TV에서 방영했던 만화 주제가는 기성세대의 추억 소환 버튼이다. 일요일 아침에 방영되던 만화와 학교를 파하고 집으로 직진해야 볼 수 있던 만화. 지금처럼 다양한 채널이 있었던 것도 아니고 재방송을 해주지도 않았기에 '본방 사수'가 필수였다. 그 TV 만화 시리즈의 인기를 게임에 내준 지 오래다. 요즘 아이들은 게임 배경 음악으로 세대를 구분한다.

완성도 높은 게임을 향한 열정은 게임 음악의 수준도 높였다. 과거에는 대학생에게 아르바이트 맡기듯 음악을 수주하던 때가 있었다. 그마저도 예산이 안 되면 오락실 아케이드 게임처럼 짧은 비트를 반복 재생하고, 효과음을 입히기도 했다. 지금은 영화보다 게임이 배경 음악 제작에 많은 비용을 지출한다. 플레이타임이 길기 때문이다. 영화 러닝

현대 미술의 영역으로 걸어 들어간 게임

타임은 2시간 내외, 대부분의 사람이 한 번 본 영화를 반복해서 보지는 않는다. 게임은 다르다. 같은 게임을 10년 넘게 질리지 않고 플레이하는 유저가 생각보다 많다. 같은 음악도 미디 버전, 오케스트라 버전, 아이돌 가수 버전 등으로 다양하게 녹음하기도 한다.

2077년의 미래를 배경으로 하는 게임 〈사이버펑크 2077〉에서 플레이어는 자동차를 타고 라디오를 들으며 드라이브를 즐길 수 있다. 재밌는 것은 유저가 조작할 수 있는 라디오 채널이 여러 개 있고, 채널을 돌릴 때마다 다른 음악이 플레이된다는 것이다. 라디오에서 나오는 음악이 게임에 영향을 주느냐? 그렇지도 않다. 그럼에도 게임 제작사에서는 게임의 완성도를 높이기 위해 라디오 채널을 돌렸을 때 나올 수 있는 음악 수백 곡을 모두 새롭게 만들었다. 2077년에 사람들이 들을 만한 음악을 만드는 팀을 따로 꾸렸을 정도다. 게임 OST가 빌보드와 그래미 어워드에 노미네이트되는 날이 머지않은 듯하다.

‖ 4 ‖
곧 다가올 3차원 방송 시대

차별화되는 게임의 특징은 상호 작용성

19세기 말에 발명된 자동차는 20세기 중반이 되어서야 대중화가 이뤄졌다. 제2차 세계 대전 직후 발명됐지만 최초의 가정용 컴퓨터가 출시된 것은 1977년의 일이고 1990년대가 되어서야 대중화했다. 새로운 기술이 등장하고, 기술 혁신이 이뤄지고 상용화하는 시간이 점점 짧아지고 있다. 스마트폰은 개발된 지 10년이 채 되지 않아 전 세계에 보급됐고, 우리의 삶을 빠르게 바꿔놓고 있다. 4차 산업 혁명으로 인해 어떤 변화가 진행 중인지 자세히 알지 못하더라도, 우리가 늘 접하는 미디어 환경이 완전히 바뀌었다는 것은 누구나 인지하고 있을 것이다. 더 이상 우리는 TV로 TV를 보지 않고, 신문으로 기사를 읽지 않는다. 신문물 조작에 익숙한 젊은 세대일수록 영상 콘텐츠를 소비할 때 전통 매체가 아닌 모바일 디바이스를 사용한다.

게임과 전통 미디어의 가장 큰 차이점은 기술과 상호 작용성이다. 전통 미디어는 시청자 게시판을 통해 의견을 받고 프로그램에 반영하지만, 실제로 답변을 달아주는 경우는 거의 없다. 트위터나 온라인 커뮤니티를 모니터링하면서 대중의 의견에 귀를 기울이면서도 존재를 드러내지는 않는다. 전통 미디어는 대부분 한 방향으로 작동한다. 게임은 상호 작용의 결정체다. 플레이어가 반응을 해야 진행된다.

전통 미디어는 아주 느린 속도로 게임의 상호 작용성을 배워나가고 있다. 시청자로부터 실시간으로 문자 메시지를 받아 화면 하단에 노출하고, 재치 있는 메시지에 담당자나 출연자가 답변을 해주기도 한다. 일부 프로그램에서는 채팅창을 도입하기도 했는데, 필터링 과정이 없어 사고 확률이 높아 생방송에서는 사용을 지양하는 편이다. 얼마 전부터는 인공 지능과 아바타도 조금씩 적용되고 있다. 앞으로 머신러닝으로 인공 지능을 훈련시킨다면 시청자 문자 메시지에 담당자를 대신해 인공 지능이 답변을 달아주는 날이 올지도 모른다. 새로운 형태의 뉴스도 등장했다. 예를 들어 기존의 뉴스 제작 방식으로 시리아 사태를 보도하고, 뉴스가 끝난 후 시청자들의 의견을 듣는 형식이다.

인공 지능 연예인이 데뷔한다면

앞으로는 연예인을 모델링해 아바타로 제작해 보여줄 수도 있고, 세상에 존재하지 않는 캐릭터를 만들어 인공 지능에 의해 작동하는 연예인으로 데뷔시킬 수도 있다. 지금은 기술적인 한계로 아바타나 버추얼빙은 화면 안에서만 존재하지만, 홀로그램 기술이 발달한다면 실제 배우 3명과 버추얼빙 배우 3명이 한 무대에서 공연하는 모습을 관람할 수 있게 된다. 지금의 유재석과 20대의 유재석이 함께 진행하는 토크쇼 제작도 가능해진다.

새로운 시장이 열리는 것을 환영하는 이들도 있지만 인간의 존엄성을 해치게 될 것이라는 우려의 목소리도 있다. 인터넷 게시판 문화가 활성화하면서 불량한 목적으로 연예인 사진을 합성해 배포한 것을 누구나 한 번쯤은 봤을 것이다. 나쁜 놀이가 사진에서 동영상으로 진화하고 있다. 지금까지는 기술이 쫓아가지 못해 페이크 영상이라는 것을 구분할 수 있지만, 머지않아 전문가도 판별하기 힘들 정도로 정교해질 것이다. 게임 엔진 회사들은 게임 안에서 실제와 같은 그래픽을 구현하기 위해 해당 기술을 발전시켜 왔는데, 기초적인 작동법만 익히면 일반인도 무리 없이 사용할 수 있다. 이러한 툴은 점점 진화해 조작법은 더 간단해지고, 결과물은 더 실제와 가깝게 될 것이다. 법적인 제도 정비와 윤리에 관한 교육이 반드시 필요하다.

기술이 시장을 선도하는 게임 업계

시장은 두 가지로 변한다. 기술이 시장을 밀어내며 발전하기도 하고, 시장이 기술을 이끌어가기도 한다. 적어도 지금 게임 관련 이슈는 기술이 시장을 선도하는 느낌이다. 페이크 뉴스를 제작하기 위해 기술을 개발하는 것이 아니라 기술이 있기 때문에 누군가 페이크 뉴스를 제작해보는 것이다.

선거 방송은 파일럿 프로그램처럼 굉장히 혁신적이고 재미있게 만든다. 제한된 같은 정보로 각각 다른 콘텐츠를 제작해야 하기 때문이다. 몇 해 전 공중파의 선거 방송을 보면서 단순한 콘텐츠로 이렇게 재미있게 방송을 제작했다면 뉴스에도 변화가 생길 거라고 생각한 적이 있다. 기대와 달리 선거가 끝나자 뉴스는 제자리로 돌아갔다. 이듬해 방송국으로부터 연락을 받았다. 뉴스의 틀을 바꿔보고 싶다고 했다. 또 다른 선거를 앞두고 있는 시점이었고, 다양한 시도를 할 수 있는 기회라 몹시 설렜다. 방송국에서는 선거를 홍보하는 과정을 중계하면서 시청자가 자발적으로 관심을 가지고 선거에 참여할 수 있도록 만들고 싶다고 했다. 몇 차례 미팅 후 게임처럼 상호 작용을 강화한 콘텐츠를 제안했다. B급 감성과 게임적인 재미를 섞어서 MZ세대가 좋아하는 방송을 만들자고 했다. 그러나 너무 혁신적이라는 이유로 무산됐다. 기술적으로 불가능한 것이 아니라 너무 많은 것이 바뀌는 것에 대한 두려움 때문이었다.

디지털 콘텐츠를 생생하게 만들어줄 버추얼 커넥터

빠르게 변화하고 있는 디지털 콘텐츠 시장은 버추얼 커넥터virtual

ⓒ KBS1 방송 캡쳐

뉴스에 게임의 특징을 더해 혁신적이고도 재미있게 구성한 선거 방송

connector의 성장으로도 이어진다. 2020년 전 세계 VR과 AR 콘텐츠 시장은 전년 대비 80%가량 성장했고, 각국의 정부와 기업은 디지털 콘텐츠 개발과 함께 네트워크 고도화에 힘쓰고 있다. VR이나 AR과 같은 장비는 시공을 초월하는 디지털 콘텐츠에 실재감을 불어넣는다. 네덜란드의 한 회사에서는 병원에 입원한 환자와 지인들을 연결해 주는 로봇을 개발했다. 장난감 인형처럼 생긴 로봇에는 360도 VR 카메라와 마이크가 내장돼 있고, 자체 실시간 스트리밍 플랫폼과 폐쇄 보안 시스템도 갖추고 있다. 로봇은 VR 안경과 세트다. 만약 병원에 아이가 입원했는데 아빠가 갈 수 없는 상태라고 가정해 보자. 로봇 옆에서 아빠가 책을 읽어주고, 병원에 있는 아이가 VR을 끼고 있으면 아이는 아빠와 같은 공간에서 아빠가 책을 읽어주는 듯한 느낌을 받게 된다. 로봇의 카메라가 아빠가 있는 환경을 촬영하고 목소리를 녹음해 아이에게 실시간으로 전송해 주기 때문이다.

VR 기술이 더욱 발달하면 투박하고 커다란 VR 안경이 아니라 콘택트렌즈로 대체될 수도 있다. 그리고 기술이 더 발달하면 렌즈만 끼고 있어도 내 앞에 앉아 있는 사람이 제3자로 보이도록 할 수 있다. 만약 자신이 좋아하는 연예인 콘텐츠를 구매했다면 마주 앉은 상대가 연예인처럼 보이도록 하는 것이다. 해결해야 할 윤리적인 문제가 남아 있지만 기술적으로는 충분히 가능하다. 목소리 샘플을 따서 내 목소리에 입히거나 텍스트에 덧씌우면 그 사람이 노래하거나 읽어주는 것처럼 느껴지는 기술은 이미 보급 중이다.

곧 시작될 3차원 방송 시대

머지않은 미래에는 3차원 방송이 대중화할 것이다. 무대와 관객석은 분리돼 있고, 관객은 공연 중에 이동하지 않는 것이 에티켓이기 때문에 아무리 비싼 티켓을 구했더라도 관객은 공연의 한 면만 볼 수 있었다. 그러나 요즘 디지털 콘텐츠는 360도 카메라가 공연장 전체를 에워싸고 빈틈없이 촬영한다. 콘텐츠를 구매한 관객은 VR을 쓰고 자신이 원하는 모든 각도에서 실감나게 공연을 즐길 수 있다. 이러한 시스템을 스포츠에 적용할 수도 있다. 실시간으로 진행되는 축구 경기에 VR을 쓰고 입장하면 심판처럼 운동장을 거닐며 경기를 관람할 수 있는 날이 곧 다가오고 있다. 좋아하는 아이돌 가수와 듀엣으로 노래를 부르고 영상으로 간직하는 서비스는 이미 출시된 상태다.

‖ 5 ‖
미래를 여는 키, 메타버스

게임 유저에게 유리한 비대면 환경

사람들이 게임을 좋아하는 이유 중 하나는 현실의 나는 지극히 평범한 직장인인데, 게임 속에서는 영웅이나 탐험가가 될 수 있기 때문이다. 살아보고 싶었던 삶을 가상의 세계에서 살아보는 것이다. 게임 속에서 '부캐'를 만들어 다양한 삶을 살다 보면 다중 인격이 되기 쉽다는 우려의 목소리가 있으나 걱정할 필요 없다. 현실 속의 내가 게임 속 캐릭터인 암살자라고 생각하는 경우는 드물다. 나는 회사원 A가 아니라 〈리니지〉속 성주라고 현실에서 주장하는 사람도 없다. 오히려 게임이 아닌 현실에서 여러 가지 자아를 가지고 있으면서 현실적인 제약 때문에한 가지 면만 보여주고 사는 경우가 더 많다. 오히려 자신이 가지고 있는 다양한 자아를 게임 속에서 경험하다 보면 삶이 훨씬 풍요로워질 수있다. 현실에 악영향을 끼치기보다 오히려 긍정적인 영향을 줄 것이다.

가상 세상은 2020년 전에도 있었다. 세컨드 라이프Second Life와 같은 3차원 기반 플랫폼과 SNS, 사이버 대학이나 MOOC(인터넷 기반 개방형 수업 플랫폼) 등이 모두 가상 세계의 성격을 가진다. 코로나19로 생활 전반이 비대면으로 전환됐고, 그 과정에서 사람들은 기존에 존재했던 가상 세상 이상의 것을 찾기 시작했다. 현실과 가상의 경계가 점차 줄혀지고 있다. 메타버스가 그 간격을 줄혔다는 평이다. 게임을 하지 않던 사람들은 비대면이 일상화한 것에 불편함과 우울감을 호소하는 경우가 많았다. 일은 만나서 눈을 마주치며 해야 하고, 놀이도 같은 물리적인 공간에서 이뤄지는 것에 익숙했기에 VR 장비를 쓰고 가상 공간에서 업무를 보거나 놀이를 하는 것에 적응이 안 됐던 것이다. 낯선 시스템에 대한 피로감은 곧 우울감으로 전이됐다. 그러나 게임을 즐겨하던 이들에게는 굉장히 익숙한 환경이다. 오히려 각종 IT 기기의 성능이 좋아지면서 가상 세계의 환경을 현실에 가깝게 설정하기가 수월해졌다.

이미 메타버스 안에 살고 있는 우리

메타버스에 대해 소개할 때면 보통 네 가지 질문을 받는다. 가장 많은 질문은 "메타버스가 최근 생겨난 새로운 세계냐?"는 것이다. 메타버스는 기존에 있던 것이 맞다. 그중에는 우리들에게 익숙한 것도 꽤 된다. 다만 익숙했던 것의 가치와 활용이 달라지고 있을 뿐이다. 두 번째로

미래를 여는 키, 메타버스

많은 질문은 "현실과 가상의 세계가 만나는 것이 가능하냐?"는 것이다. 나는 이미 가능해졌고, 앞으로 메타버스를 통해 더욱 활성화할 것이라고 답한다. 코로나19 팬데믹 이전까지만 해도 등교하지 않고 집에서 수업을 듣거나 재택근무 비율이 이렇게 높아질 줄 예상하지 못했다. 하지만 지금은 이미 잘 해내고 있다.

기대된다는 반응과 두렵다는 반응이 공통적으로 나오기도 한다. 기대된다는 이들은 도시 집중화가 완화되고 새로운 일자리가 생겨날 것이며, 시공간의 제약이 해소돼 여러 격차를 줄일 수 있을 것이라는 입장이다. 두렵다는 이들은 외려 사회적 격차를 벌리고, 인공 지능 캐릭터인 버추얼빙에게 일자리를 빼앗길 것이며, 일부 기업이 정보를 독점하고 대중을 감시하게 될 거라고 말한다.

메타버스는 곧 가상 현실로 받아들여지지만, 정확히 말하자면 가상 현실은 메타버스를 보여주기 위한 수단 중 하나다. 증강 현실augmented reality과 라이프로깅lifelogging, 거울 세계mirror world, 가상 세계virtual world까지 메타버스는 크게 네 가지로 나뉜다.

증강 현실이란 메타버스가 현실의 공간과 상황에 가상의 이미지와 스토리 등을 덧입힌 현실 기반의 새로운 세상을 보여주는 방식을 뜻한다. 〈포켓몬고Pokémon GO〉를 떠올리면 이해하기 쉬울 것이다.

메타버스는 자신의 삶에 관한 다양한 경험과 정보를 기록하고 저장하며 공유하는 세상을 의미하는데, 이를 라이프로깅이라고 부른다. 카카오스토리나 페이스북, 인스타그램 등이 모두 라이프로깅에 포함된다.

거울 세계란 메타버스가 현실 세계의 모습과 정보, 구조 등을 가져가 복사하듯 만든 세상을 의미한다. 각종 지도 서비스와 길 찾기, 음식 배달 앱이 여기 속한다.

마지막으로 가상 세계는 현실과는 다른 공간과 시대적·문화적 배경, 등장인물, 사회 제도 등을 디자인하고 그 속에서 살아가는 메타버스를 의미한다. 스페이셜spatial과 같은 가상 현실 기반 협업 플랫폼이나 세컨드 라이프도 가상 세계에 속한다.

메타버스가 가져올 변화

메타버스가 진화하면 어떤 변화가 생길까. 가장 큰 변화는 하나의 메타버스를 끄지 않고 오래 사용할 수 있게 된다는 것이다. 지금은 하나의 메타버스에 들어가려면 다른 메타버스에서 나와 해당 메타버스에 로그인해야 한다. 하지만 메타버스가 진화하면 이러한 과정을 하나의 경험으로 연결할 수 있게 될 것이다. 즉, 게임에 접속해 게임을 즐기다가 게임 안에 있는 파티 룸에서 동료를 만나 업무를 협의하고, 게임 속 상점에서 새로 출시된 옷을 구매하게 되는 것이다.

두 번째 변화로는 메타버스가 점점 더 많은 데이터와 정보를 담게 될 것이라는 점이다. 누구나 SNS를 하다가 최근에 내가 사려던 물건이 노출돼 놀란 경험이 있을 것이다. 이런 현상은 앞으로 더욱 심화될 것이다. 하나의 메타버스가 많은 경험을 담아내고, 그 경험의 시간이 증

미래를 여는 키, 메타버스

가할수록 메타버스는 나와 우리, 사회의 다양한 데이터를 더 많이 담고 더 깊은 해석을 내놓을 것이다. 물론 그 해석에 담긴 관점과 누구를 위한 해석인가에 대한 논의도 차차 이뤄져야 한다.

마지막으로 물리적 현실 세계와의 연결이 더욱 강화될 것이다. 종일 게임을 하거나 SNS를 하고 있으면 "그거 한다고 밥이 나오느냐?"고 묻는다. 시간을 낭비하며 허송세월하고 있다는 의미일 텐데, 앞으로는 진짜 밥이 나오는 상황이 늘어날 것 같다. 메타버스 내의 활동이 현실 세계의 업무 흐름, 사회 구조, 경제 등에 다양하게 연결되기 때문이다.

미래 사회를 선도할 기술로 부상한 게임

엄청난 지각 변동이 일어나고 있다. 과거에는 나의 현실 세계와 게임 속 메타버스가 완전히 분리돼 있었고, 그 간격도 꽤나 넓었다. 그러나 코로나19로 인해 비대면 상황이 지속되면서 변화하기 시작했다. 많은 기업은 비대면 상황을 최대한 대면 상황처럼 느껴지도록 하기 위해 게임적인 요소를 현실로 가져왔고, 현실 세계와 메타버스의 경계는 조금씩 허물어지고 있다. 그 과정에서 게임 산업은 비약적인 성장을 이뤄냈다. 게임 유저 수는 50% 이상 증가했고, 게임 구매량도 85%나 늘었다. 단순히 여가를 즐기기 위한 아이템 중 하나였던 게임이 미래 사회를 선도할 기술로 부상한 것이다.

메타버스의 중심은 게임이고, 메타버스가 발전해도 우리가 더 몰입감 있는 다양한 게임을 즐기게 될 뿐 현실 세계의 업무, 학업, 공공 서비스, 일상생활 등에 큰 변화를 주지 못할 것이라 오해하면 안 된다. 메타버스는 다양한 일자리를 창출하고, 블록체인을 기반으로 새로운 경제 모델을 만들 것이며, 기업의 새로운 마케팅 채널로 자리 잡을 것이다. 물리적 거리와 신체적 한계를 뛰어넘는 다양한 소통과 협업이 이뤄지고, 물리적 접촉을 위한 각종 위험과 역효과를 해결하기 위한 수단으로도 발전할 것이다.

정부와 기업, 소비자들이 해결해야 할 문제도 많다. 현실 세상의 법과 메타버스 세상의 운영 규칙 간의 괴리, 메타버스 내 경제 시스템의 합리적 운영과 소유권 문제, 메타버스 내에서 발생하는 각종 범죄, 메타버스 접근성이 낮은 이들 혹은 다른 메타버스를 사용하는 이들 간의 단절 현상 등 산적한 문제가 많다.

‖ 6 ‖
게임 산업의 영역 확장, 팬 플랫폼

전 세계 미디어를 점령한 K-콘텐츠

넷플릭스Netflix는 2020년 말 한국에 별도의 콘텐츠 법인인 '넷플릭스엔터테인먼트'를 설립했다. 기존에 운영하던 '넷플릭스서비스코리아'는 국내 OTT 서비스 운영에 대한 업무를 맡고, '넷플릭스엔터테인먼트'에서는 한국의 콘텐츠 발굴·투자·지원 등의 업무를 전담하게 된다. 영국이나 스페인, 브라질 등 자체 제작 콘텐츠가 많은 나라에서는 이미 법인을 분리해 운영해 왔지만, 아시아 국가 중에는 한국이 처음이다. 넷플릭스가 한국 콘텐츠에 대한 가치를 높게 평가한다는 의미다.

한국과 중국의 커뮤니티와 SNS는 해시태그 전쟁 중이다. 왜 갑자기 중국은 한복과 김치를 자기네 것이라 우기기 시작했을까. 한 문화평론가에 의하면 오랫동안 서양인에게 동양 문화란 곧 중국과 일본의 것을 의미했다고 한다. 그런데 아시아를 중심으로 형성된 한류가 전 세

똑똑한 메신저

시간이 지나면 사라지는 '펑 메시지',
우리만의 귓속말,
다국어로 자동 번역되는 메신저

취향저격 오픈채팅

복잡한 정보없이
같은 취향으로 만나
둘도 없는 친구가 될 수 있는 곳

ⓒ 구글플레이

SM엔터테인먼트가 출시한 팬 소통 플랫폼, 리슨

계로 확장되면서 K-콘텐츠가 붐을 일으켰고, '동양 문화=중국 문화'라는 공식이 깨지기 시작하자 불안해진 마음이 우매한 단체 행동으로 이어진 것이라고 한다.

한국의 대중문화에 대한 세계인의 관심이 그 어느 때보다 뜨겁다. 국내 엔터테인먼트 회사들은 몇 해 전부터 아티스트와 팬들의 간격을 줄일 수 있는 팬 플랫폼을 개발해 왔고, 팬덤이 아시아를 넘어 세계로 확장하면서 가입자 수도 기하급수적으로 늘고 있다.

엔터테인먼트사가 내놓은 팬 소통 플랫폼

소속 아티스트의 다양한 활동을 기록하고 전시한 복합 문화 공간 'SM 타운 코엑스아티움'을 운영하는 SM엔터테인먼트는 2018년 12월 리슨Lysn을 출시했다. 모바일 메신저에 가까운 디자인으로, 앱 내에서 오픈 채팅을 하거나 직접 아티스트의 팬 커뮤니티에 가입해 활동할 수 있다. 좋아하는 아티스트와 1대1 채팅을 나누는 '버블Bubble' 서비스와 가수의 손 편지를 직접 받아보는 '레터' 서비스도 유료로 이용할 수 있다.

버블은 가수와 팬이 1대1 채팅할 수 있는 메신저 플랫폼인데, 아티스트가 보낸 메시지는 모든 팬에게 전달되고 팬이 보내는 메시지는 아티스트의 보관함에 저장된다. SM엔터테인먼트는 물론이고 JYP엔터테인먼트, FNC엔터테인먼트 등의 회사도 각각의 앱을 통해 다양한 서비스를 이용하도록 하고 있다. 코로나19 팬데믹으로 오프라인 공연을 할 수 없게 되자 SM엔터테인먼트는 네이버와 함께 온라인 유료 콘서트 서비스인 비욘드 라이브Beyond LIVE를 선보였다. 슈퍼엠SuperM 공연을 시작으로 SM엔터테인먼트와 JYP엔터테인먼트 소속 가수들의 온라인 콘서트를 실시간으로 전송하고 있다.

위버스Weverse는 2019년 6월 빅히트엔터테인먼트(2021년 3월 '하이브'로 사명을 변경했으나, 대중의 이해를 높이기 위해 기존 명칭으로 칭한다.)에서 출시한 서비스다. 트위터에 가까운 디자인으로, 팬과 아티스트가 게시물을 올리고 커뮤니티에 가입해 활동할 수 있다. 팬클럽 활동과 각종 공연 예매, 굿즈 판매도 위버스를 통해 이뤄지고 있다. 2021년 위버스는 2015년 네이버에서 출시한 연예인 온라인 개인 방송 플랫폼 브이라이브VLIVE와 통합될 예정이라고 발표했다. 브이라이브는 유료 서비스인 브이라이브+와 굿즈 구매, 팬클럽 멤버십 가입 등도 이용할 수 있다.

게임 회사가 출시한 팬 소통 플랫폼

2021년 엔씨소프트는 '인공 지능형 아바타'를 멋들어지게 보여주겠다는 포부를 가지고 유니버스UNIVERSE라는 팬 플랫폼을 출시했다. 기존의 팬 플랫폼들이 오프라인 서비스를 온라인으로 옮겨 온 정도라 최신 게임 기술을 보유한 엔씨소프트가 팬들에게 어떠한 경험을 전해 줄 것인지 기대가 컸다. 유니버스는 포털 사이트에 가까운 디자인이다. 여느

아티스트가
직접 들려주는
오늘의 이야기

위버스에서만
볼 수 있는
단독 콘텐츠

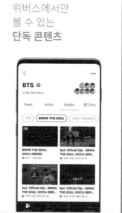

ⓒ 구글플레이

네이버의 온라인 개인 방송 플랫폼인 브이라이브를 통합하며 덩치를
키우고 있는 빅히트엔터테인먼트의 팬 소통 플랫폼, 위버스

팬 플랫폼처럼 아티스트의 플래닛에 접속해 영상을 보거나 아티스트가 업로드한 게시물을 보고, 커뮤니티 활동을 할 수 있다. 독특한 지점은 아티스트가 전하는 프라이빗 메시지와 AI 기술을 기반으로 한 프라이빗 콜 서비스를 유료로 제공한다는 점이다.

　유니버스는 디자인의 많은 부분을 게임에서 가져왔다. 먼저 자신이 좋아하는 아이돌 그룹 멤버의 아바타를 개별 구매할 수 있다. 아바타와 나의 관계를 설정할 수 있고, 옷과 액세서리도 직접 꾸밀 수 있다. 아티스트의 동작과 안무를 스캔한 모션 캡처 기술을 활용해 아바타의 몸짓이나 자세 등을 최대한 실제와 비슷하게 작동하도록 만들었다. AI 음성 기술로 아티스트의 목소리를 재현해 전화 통화도 가능하다. 표면적으로는 기존의 엔터테인먼트 회사가 서비스하는 팬 플랫폼에 비해 재미 요소가 많아 보인다. 그러나 출시 초기의 잡음이 꽤 크게 들려온다. AI 음성은 아티스트 특유의 말투를 따라 하지 못하고, 여자 아티스트의 아바타가 남성에 비해 성적 대상으로 표현됐다는 평가다. 굳이 내 이름을 불러주지 않더라도, 가짜가 보내주는 음성 메시지보다 상황에 맞지 않더라도 아티스트가 직접 녹음해 랜덤으로 목소리를 들려주는 버블이 낫다는 의견도 많다.

최강 콘텐츠를 즐길 최적의 플랫폼이 되길

모든 플랫폼 서비스는 공통적으로 탄탄한 플랫폼 위에 콘텐츠가 있고 그 위에 사용자가 있는 구조다. 엔씨소프트는 기능적으로 뛰어난 플랫폼을 개발하고, CJ ENM의 검증된 콘텐츠를 서비스했다. 하지만 결정적으로 사용자인 팬덤 문화에 대한 이해가 부족했다. 게임 유저와 아이돌 팬덤의 차이점을 캐치하지 못한 것. 팬들은 자신이 좋아하는 아티스트가 무대가 아닌 곳에서 노출이 심한 옷을 입고, 달콤한 말을 속삭여주는 것을 원하지 않는다. 카메라가 꺼진 뒤 혹은 카메라가 비추지 않는 프레임 밖의 모습이 궁금할 뿐이다.

화보와 자체 예능 등 오리지널 콘텐츠에 대한 만족도는 높았다. 아티스트가 팬에게 직접 메시지를 보내는 '프라이빗 서비스'도 반응이 좋다. 엔씨소프트는 커뮤니티와 SNS 등 팬들의 반응을 꼼꼼히 살펴 1~2일에 한 번씩 개선 사항을 반영하겠다고 발표했고, 실제로 서비스는 매일 조금씩 개선되고 있다. SM엔터테인먼트와 빅히트엔터테인먼트가 플랫폼을 구성하며 IT 인재를 구인한 것처럼, 팬덤 문화에 대한 이해도가 높은 인력을 영입하면서 방향성도 사용자 중심으로 수정할 것으로 보인다. 유니버스의 AI는 시간이 지날수록 고도화돼 실제 아티스트와 구분할 수 없을 정도로 비슷한 목소리와 말투를 재현해 낼 것이고, 아바타의 움직임은 더더욱 아티스트를 닮아갈 것으로 기대한다. 초기 정착 과정에서 잡음이 들려오긴 하지만, 유니버스는 게임 산업의 확장이라는 측면에서 고무적이라 생각한다.

엔씨소프트가 출시한 팬 소통 플랫폼 유니버스에는
게임 구현에 사용되는 첨단 기술이 접목됐다.

‖ 7 ‖
빅히트는 엔터테인먼트 기업이 아니다

IT 기업으로 전환 중인 빅히트엔터테인먼트

2020년 10월 주식 시장에 빅히트엔터테인먼트가 상장했다. 상장 전 증권가에서 예상하는 기업 가치는 4조~5조 원으로, 국내 내로라하는 엔터테인먼트 회사의 시가 총액에 비해 3~4배 이상 높았다. 방탄소년단 BTS이 소속되어 있으니 당연하다는 반응과 BTS밖에 없어 위험하다는 평가가 엇갈렸다. 상장을 주관한 증권사들은 빅히트엔터테인먼트의 실적과 BTS의 파괴력, 플랫폼 기반의 이커머스 등을 근거로 내세웠다. 그리고는 "빅히트엔터테인먼트의 경쟁 상대는 네이버와 카카오"라 밝혔다. 엔터테인먼트 회사의 기업 가치에 한계가 있는 것은 주력 상품이 아이돌 그룹의 활동인데, 급변하는 아이돌 시장의 환경 변화와 멤버 간 불화설, 멤버 탈퇴, 계약 만료 후 팀 유지 가능성 그리고 남자 아이돌의 병역 문제까지 안고 있어 리스크가 크기 때문이다. BTS 역시 피해 갈 수 없는 문제인데, 빅히트엔터테인먼트는 오래전부터 이에 대비해 온 것으로 보인다.

빅히트엔터테인먼트는 BTS가 데뷔한 2013년부터 꾸준히 BTS 유니버스를 구축해 왔다. 어벤저스처럼 각 멤버에게 상징성을 부여하고 스토리를 만들어 연속성을 키워갔다. 세계관과 스토리를 탄탄하게 구성해 놓은 덕에 신규 앨범이 발매되면 데뷔 9년 차임에도 이전 앨범의 매출이 함께 올라간다. 신규 앨범에서 하고 있는 이야기를 이해하기 위해서는 과거 앨범에서 해왔던 이야기를 먼저 알아야 하도록 만들었기 때문이다. 마블Marvel의 새 영화가 개봉하면 과거의 작품들을 찾아보는 것과 같은 이치다.

'위버스'는 빅히트엔터테인먼트가 운영하는 팬 플랫폼이다. 팬과 스타의 소통 공간이자 앨범과 공연, MD 상품뿐 아니라 다큐멘터리와 영화, 웹툰, 게임, 출판, 교육에 이르기까지 다양한 상품을 판매하는 이커머스 공간이기도 하다. 2021년 네이버의 '브이라이브' 사업부를 인수했다. 연예인 라이브 방송 서비스를 제공하는 브이라이브는 팬과 스타의 소통 플랫폼이다. 두 플랫폼의 서비스가 통합되면 새로운 글로벌 팬 커뮤니티 플랫폼이 탄생할지도 모른다.

최근 빅히트엔터테인먼트의 구인 광고는 주로 IT 프로젝트 매니저와 데이터 엔지니어를 찾기 위한 것이다. 빅히트엔터테인먼트가 IT 기업으로 진화하고 있다. 그 과정은 애플을 떠올리게 한다. 애플은 제품과 서비스를 통해 팬덤을 구축했고, 팬덤으로 인한 매출을 발생시킨 다음 생태계를 구축했다. 빅히트엔터테인먼트 역시 강력한 플랫폼을 가지고 생태계를 구축하기 위해 노력하는 단계다. 상장 전 증권사들이 빅히트엔터테인먼트의 기업 가치를 논하며 경쟁 상대를 네이버와 카카오라고 했던 말이 이해가 된다. 누가 알겠는가, 테일러 스위프트Taylor Swift의 공간이 위버스에 생기게 될지.

10대들의 온라인 놀이터, 제페토 & 로블록스

빅히트엔터테인먼트와 YG엔터테인먼트, JYP엔터테인먼트는 '제페토ZEPETO'에 투자했다. 제페토는 네이버제트NAVER Z가 만든 증강 현실 아바타 앱이다. 얼굴 인식과 증강 현실, 3D 기술 등을 이용해 3D 아바타를 만들어 가상 현실의 삶을 즐길 수 있다. 예전처럼 얼굴형을 고르고 눈과 코, 입술 모양을 선택해 아바타를 완성하는 것이 아니라 휴대폰 전면 카메라로 내 얼굴을 촬영하면 AI가 머신러닝 기술로 나와 닮은 얼굴의 틀을 만들어주는 방식이다. 유저들은 '제페토 스튜디오'에서 옷이나 신발과 같은 아이템을 디자인하고 판매하는 등 제페토 내에서 다양한 지적 재산권을 활용해 2차 콘텐츠를 제작할 수 있다.

엔터테인먼트 회사들은 '제페토 월드'에 관심이 많다. 블랙핑크는 제페토 월드에서 신곡 「아이스크림」을 발표하고 팬 사인회를 열었다. 사인회에는 5,000만 명에 가까운 팬의 아바타가 모여 블랙핑크에게 사인을 받거나 기념사진을 촬영했다. 제페토 월드 내에 「아이스크림」 뮤직비디오 무대를 3D 맵으로 구축하도 했다. 아바타 팬들은 그곳에 들

로블록스는 로블록스 스튜디어를 통해 사용자가 직접 게임을 만들어 공유할 수 있다.

러 '성지 순례' 하는 기분으로 '인증샷'을 찍는다. 2000년대 초반에 싸이월드 미니룸을 꾸미고, 1촌의 미니룸을 방문해 캡처하던 감성을 떠올리면 이해가 쉬울 것이다.

제페토의 3D 아바타 서비스는 원래 모바일 앱 '스노우SNOW'의 기능 중 하나였다. 사진이나 동영상을 촬영하는 사람 얼굴에 토끼 귀나 고양이 수염을 붙여주는 기능으로 인기를 끌었다. 스노우는 이 기능을 별도의 앱으로 출시했고, 그것이 바로 제페토다. 인형놀이 수준을 벗어나지 못하던 제페토에 소셜 미디어 기능이 추가되면서 가입자가 급격히 늘기 시작했다. 현재 전 세계 2억 명이 제페토에서 그들만의 세상을 즐기고 있으며, 전체 이용자 중 10대의 비율은 80%에 달한다.

우리나라 10대들의 온라인 놀이터가 제페토라면, 미국 10대들의 놀이터는 로블록스다. 로블록스는 사용자가 직접 게임을 만들어 공유하는 플랫폼이다. 로블록스 스튜디오라는 도구를 활용해 레고 블록을 쌓듯 자기만의 세계를 만들고, 슈팅과 전략, 소통 등 다양한 주제의 게임을 만들 수 있다. 완성된 게임은 로블록스라는 세계 안에서 공유되고, 사용자들은 옮겨 다니며 수많은 게임을 즐긴다. 로블록스는 소셜 미디어와 연결된다. 사용자는 서로의 세계에서 함께 놀며 친구 설정, 채팅 등으로 게임 안에서 우정을 쌓아간다. 화면만 보면 1980년대에 만들어진 게임 같은 느낌이 든다. 좋게 보면 픽셀 아트이지만, 냉정히 보면 테두리가 다 깨지고 색상 조합도 엉망이다. 그런 엉성해 보이는 게임을 즐기는 이들이 1억 2,000만 명이 넘는다. 주된 사용자층은 16세 미만 아이들. 미국 청소년의 절반 정도가 이 게임을 즐긴다는 의미다.

사용 시간도 유튜브의 2.5배에 달한다.

　제페토와 로블록스처럼 요즘 10대들은 그 윗세대와 뭔가 다른 세상, 여러 개의 메타버스 안에서 살고 있다. 이를 메타버스라고 부른다. 메타버스의 핵심적 특징은 게임의 세계관, 상호 작용을 중심으로 움직인다는 점이다.

BTS 뮤직비디오가 공개된 포트나이트

배틀 로열 매치 방식의 게임인 〈포트나이트Fortnite〉에서 무슨 일들이 벌어지고 있는지 잘 들여다볼 필요가 있다. 〈포트나이트〉는 기본적으로 국내에서 유행하는 게임인 〈배틀 그라운드〉와 같이 여러 명이 어울려서 전쟁을 하고 최종 승자를 가리는 게임이다. 사용자들은 총싸움만 하는 게 아니다. 나이키나 마블 캐릭터가 담긴 콘텐츠를 구매하고, 1,230만 명이 동시에 모여 트래비 스캇의 콘서트를 즐기며, 새로 공개된 BTS의 뮤직비디오를 함께 관람한다.

　〈포트나이트〉의 제작사인 에픽게임즈Epic Games의 CEO 팀 스위니Tim Sweeney는 〈포트나이트〉를 게임 이상의 것으로 만들겠다는 포부를 밝혔다. "지금은 〈포트나이트〉가 게임이지만, 앞으로는 무엇이 될지 모르겠다."라고. 현실 세계의 여러 비즈니스를 〈포트나이트〉 안으로 가져가고, 반대로 〈포트나이트〉의 지적 재산권을 현실 세계로 가지고 나와서 다른 비즈니스에 접목한다는 접근이다.

트래비 스캇이 공연하고 방탄소년단이 뮤직비디오를
공개한 <포트나이트>

빅히트엔터테인먼트의 위버스에서는 어떤 일들이 벌어지고 있을까. 위버스에는 14팀의 아티스트가 입점해 있다. 핵심이 되는 기능은 소셜 미디어, 트위터처럼 피드에 아티스트와 팬들의 짧은 포스팅이 흘러간다. 트위터와 다른 점은 아티스트가 팬들의 포스팅에 댓글을 달며 소통하는 일이 잦다는 점. 앨범과 MD 상품, 콘서트 티켓을 판매하기도 하고 종종 공연 플랫폼으로 활용되기도 한다. 온라인 콘서트 실시간 중계권을 구매하면 위버스 앱에서 블루투스로 연결된 응원봉을 원격 조정해 집에서 혼자 휴대폰으로 공연을 보더라도 공연장에 있는 듯한 기분을 느끼게 해준다. 3D 카메라, 버추얼 커넥터 등이 발달한다면 공연장 1열에서 콘서트를 즐기는 듯한 기분을 느낄 수도 있다.

〈포트나이트〉가 그렇듯 위버스에서도 앞으로 어떤 일이 벌어질지 알 수 없다. 세계관을 바탕으로 게임하는 것처럼 유저 경험을 바꿔놓을 수도 있고, 소셜 미디어를 품고 팬 커뮤니티를 확장시킬 수도 있다. 더이상 빅히트엔터테인먼트를 엔터테인먼트 회사로 분류하지 않는 날이 올 듯하다.

‖ 8 ‖
미래를 선점하기 위한 VR 전쟁

나를 주인공으로 만들어주는 게임

학창 시절에 품었던 나의 수많은 장래 희망 중 하나는 고고학자였다. 가난하고 위험한 직업이라는 어른들 말씀에 적당히 현실과 타협한 나는 영화 〈인디아나 존스3〉를 보면서 대리 만족을 했다. 꽤 여러 번 반복해 보면서 주인공에게 빙의해 모험을 즐겼다. 하지만 주인공의 선택에 동의하지 못하는 순간이 있었고, 그때마다 화면 안으로 들어가 내가 주인공이 되는 상상을 했다. 그 상상이 실현되는 미디어가 바로 게임이다. 게임은 내가 주인공이 되어 선택할 수 있고, 선택에 따라 달라진 상황 속에서 나만의 모험을 할 수 있다. 물론 아직까지 게임은 영화보다 시각적인 실재감이 떨어진다. 이를 보완해 주는 3차원 기술이 VR Virtual Reality, 가상 현실이다. VR은 최근 1~2년 사이 비약적으로 성장하고 있는 IT 디바이스다.

페이스북의 새로운 도전

2018년 삼성전자는 VR 디바이스의 업데이트를 중단했다. 정식으로 발표한 적은 없지만, 많은 이가 삼성전자에서 VR 사업을 접은 것이라 여겼다. 그 기간 동안 페이스북은 VR 헤드셋 및 장비 회사인 오큘러스 Oculus를 인수했다. 이를 두고 업계에서는 의아한 시선을 보냈다. 페이스북은 전자 회사가 아닌데 왜 삼성전자도 포기한 VR 장비에 집착할까. 2020년 하반기 '오큘러스 퀘스트 2'가 출시됐다. "착용감은 별로지만 화질은 극강"이라는 사용자 리뷰대로 오큘러스 퀘스트 2는 현재 가장 진화한 형태의 올인원 VR 헤드셋이다. 출시 한 달 만에 100만 개가량이 판매됐다. 2007년 아이폰이 처음 출시됐을 때의 판매량과 추이가 비슷하다. 그제야 페이스북이 가고자 하는 길이 보이는 듯했다.

아이폰이 처음 출시됐을 때의 시장 반응이 생생하다. '이렇게 비싼 전화기를 누가 구입할까' 싶었지만, 아이폰은 시장의 판도를 바꿔놓았다. 페이스북은 애플처럼 혁신적인 제품으로 미래를 선점하기 위해 오큘러스를 인수한 것이다. 피처 폰을 사용하다가 스마트폰으로 넘어간 것처럼, 손에 들고 사용하는 스마트폰의 시대가 곧 막을 내리고 안경처럼 얼굴에 쓰고 양손이 자유로운 상태에서 사용하는 스마트폰의 시대가 열릴 것이다. 이를 뒤늦게 캐치한 삼성전자도 최근 VR 관련 스마트폰 디바이스를 등록하고 특허를 내고 있다. 2018년 업데이트를 중단하며 사실상 사업을 포기한 것처럼 보였던 삼성전자가 시장에 다시 진입한다는 의미다.

VR 기기가 스마트폰을 대체할 수 있을까

오큘러스 퀘스트 2의 가격은 40만 원대로 가성비가 좋은 편이다. 게임을 즐기기 위한 보조 수단이라고 보면 고가로 느껴지지만, 춤을 배우거나 요가, 볼링, 골프 등의 취미 생활을 실감나게 즐기기 위한 보조 수단이라고 생각하면 부담스러운 가격은 아니다. 오큘러스 퀘스트 2는 ARAugmented Reality, 증강 현실 기능을 지원한다. 〈포켓몬고〉를 하는 것처럼 실제 세상에 그래픽이 보이는데, 안타깝게도 카메라의 해상도가 낮아 실제 세상은 뿌연 흑백으로 보인다. 오큘러스 퀘스트 2의 사용자 리뷰를 보면 AR을 제외하고 화질에 대한 만족도가 높다.

오큘러스 퀘스트 2와 같은 VR 기기가 스마트폰을 대체할 수 있을까. 페이스북의 방향성은 오큘러스 퀘스트 2의 작동 원리에서 읽을 수 있다. 아이폰이 앱스토어에 접속해 앱을 다운로드해 사용하듯이 오큘러스 퀘스트 2를 사용하려면 페이스북에서 운영하는 앱마켓에 접속해 전용 앱을 다운로드해야 한다. 페이스북은 바로 이 앱마켓을 갖고 싶은 듯하다.

애플 측의 발표에 따르면, 애플 앱스토어를 통해 발생된 경제 규모는 2019년 574조 원을 넘어섰다. 앱스토어 내의 경제 규모는 매해 성장하고 있다. 페이스북은 앱마켓의 성장성을 높게 평가하고 소프트웨어 생태계를 구축하기 위해 노력 중이다. 애플과 페이스북의 갈등도 이러한 변화와 무관하지 않다. 애플은 iOS 14를 업데이트하며 개인 정보 추적 차단 기능을 추가했다. 개인 정보를 바탕으로 맞춤형 광고를 제

© oculus.com

현재 가장 진화한 형태의 올인원 VR 헤드셋 오큘러스 퀘스트 2

공해 온 페이스북은 타격을 받게 된다.

애플 생태계에 VR 기기가 더해진다면

2022년에는 애플도 3,000달러가 웃도는 VR 장비를 출시할 계획이라고 발표했다. 8K 해상도 지원을 목표로, 고성능 센서와 카메라를 10개 이상 장착해 완벽하게 MRMixed Reality, 혼합 현실을 구현해 낼 것이다. 현재 대부분의 VR 장비는 4K의 해상도를 지원하는데, 만약 8K가 지원된다면 신경세포의 한계로 인해 실제와 그래픽을 구분하기 어렵게 된다. 여기에 MR을 완벽하게 구현한다면 게임을 좋아하는 이들에게는 필수 아이템이 될 것이다. 격투기 게임을 구매했다고 가정해 보자. 내 방에 적이 나타나고, 나는 내 공간을 사수하기 위해 적군과 온몸을 써서 싸워야 한다. 가상 공간이 아닌 익숙한 내 공간에 나타난 적을 내가 직접 무찌르는 재미를 그 어떤 스포츠가 따라갈 수 있을까.

물론 애플이 고성능의 VR 기기를 출시한다고 해도 스마트폰의 모든 기능을 VR 기기에 흡수할 수 있는 것이 아니며, 그 기능을 흡수한다고 해도 당장 스마트폰이 사라지는 것은 아니다. 하지만 사람들이 VR 기기 사용에 익숙해지면 기존에 사용하던 장비는 퇴화할 것이다. 휴대폰 따로, 디지털 카메라 따로, MP3 따로 가지고 다니던 시절이 있었다. 하지만 그 기기들의 모든 기능이 스마트폰 안으로 흡수되고 지금은 스마트폰만 남았다.

미래를 선점하기 위한 VR 전쟁

VR 기기에도 그 시점이 올 것이라고 생각한다. 지금은 다소 투박한 형태라 상상이 안 될 수도 있지만, VR 기기가 소형화하면 안경이나 고글처럼, 나아가 콘택트렌즈처럼 가볍게 착용할 수 있는 시기가 도래할 것이라 믿는다. 안전하고 익숙한 환경에서 극도의 쾌감을 주는 모험을 즐길 날이 기다려진다.

‖ 9 ‖
게임으로 성장하는 인류

놀이는 인간이 되기 위한 하나의 수단

게임은 인류의 절반 이상이 즐기는 안전한 놀이다. 그럼에도 게임을 즐기는 이들을 게으르고 나태하게 보는 시선이 많다. 앞서 언급한 '파이널 판타지 - 최후의 날'과 '리니지 - 바츠 해방 전쟁', '월드 오브 워크래프트 - 오염된 피 사건' 등은 게임을 통해 실제보다 더 실제 같은 세상에 살면서 인류가 어떻게 성장하고 있는지를 잘 보여준다.

강연과 교육을 하면서 게임을 통해 사람과 조직이 변화하는 모습을 봐왔다. 많은 이가 게임이라고 하면 피, 무기, 경쟁, 대결 등 자극적이고 폭력적인 요소가 강한 비디오 게임을 떠올리지만, 게임의 장르는 굉장히 다양하다. 삶의 가치관에 대해 생각해 볼 수 있는 카드 게임이나 창의적 아이디어를 도출하기 위한 토론 게임, 조직의 리더를 대상으로 생각을 풀어보는 리더십 게임, 국가 간 불균형이 생기는 이유와 저

개발국이 가지고 있는 어려움을 간접 경험해 보는 게임도 있다. 게임은 특정 주제에 몰입하기에 가장 좋은 도구다. 학생이든 회사원들이든 스스로 필요하다고 여겼던 것들을 새로운 방식으로 몰입할 수 있도록 돕기 때문에 학습 효과를 높여주는 촉매 역할을 한다.

요즘 애들은 정말 이기적일까

학교에서 게이미피케이션을 함께 공부한 250명의 학생에게 배운 게 있다. 기성세대는 '요즘 젊은이들은 이기적'이라는 말을 자주 한다. 과연 그럴까. 내가 강의하는 게임 공학 수업에는 포인트 제도가 있다. 포인트를 모으면 다양한 혜택과 교환할 수 있다. 기말고사를 2주 남긴 시점에서 학생들이 가진 평균 포인트는 15점 정도였다. 나는 가로 8칸 세로 8칸의 총 64칸의 힌트 판을 만들었다. 60개의 칸마다 서로 다른 시험 힌트를 적고, 4칸은 꽝으로 만들었다. 학생들에게 10포인트를 사용해 힌트 칸 하나를 열어 볼 수 있는 기회를 줬다. 수강생은 250명, 학생들은 저마다 1~2개의 힌트를 열어 볼 수 있는 포인트를 갖고 있었다. 게임하듯 학생들에게 기회를 주면서 혼자만 확인할 수도 있고, 친한 친구끼리 힌트를 공유할 수도 있다고 생각했다. 그런데 틀렸다. 힌트 판이 공개된 후 10분 정도 학생들은 개별적으로 몇 개의 힌트를 확인했고, 누군가가 오픈 단톡방을 만들어 포인트를 모으기 시작했다. 이른바 '힌트 공성전'. 64개의 힌트를 모두 열어 보려면 640포인트가 필요했고, 수십 명의 학생이 자신의 포인트를 한 사람에게 모아줬다. 결국 20분 만에 모든 힌트가 열렸다. 오픈된 힌트는 단톡방에 참여한 학생이든 아니든 모두에게 공유됐다. 그 결과 나와 조교가 예상한 평균 성적 58점을 훌쩍 넘어 학생들은 평균 73점의 성적을 만들어냈다.

나만 힌트를 보고 시험을 치르면 좋을 텐데 왜 포인트와 정보를 공유했을까? 학생들은 "절대 평가에서는 학우들과 경쟁할 필요가 없다.", "돕고 싶었다."라는 답을 들려줬다. 누군가를 이겨야만 인정받는 상대 평가의 사회가 청년들을 이기적으로 몰아가고 있는 게 아닐까 생각했다. 우리는 누군가의 위에 설 때 행복한 게 아니라, 누군가를 도울 때 진정으로 행복감을 느낀다. 아직은 남아 있는 이타적 본성, 그 본성이 사라지기 전에 교육을 바꿔야 한다고 생각했다.

인생이 게임이라면

게임을 즐길 때 우리는 어떤 미션을 좋아할까. 어렵지만 호기심을 자극하는 미션과 쉽지만 지루한 미션. 게임을 시작한 초반에는 쉬운 미션을 수행해서 경험치를 쌓겠지만, 게임이 중반부로 넘어가면 어려운 미션에 도전하고 싶어진다. 여러 차례 도전 끝에 성공하면 만족감도 커진다. 우리가 게임을 즐기는 이유는 그 속에 존재하는 다양한 '어렵지만 호기심을 자극하는 미션'을 경험하고 싶어서다. 쉽지만 지루한 미션은 어딘가로 향하기 위한 징검다리일 뿐이다.

게임으로 성장하는 인류

학교를 졸업하면 직업의 길이 열린다. 하고 싶은 일과 해야 하는 일, 어떤 길을 가고 싶을까. 하고 싶은 일은 어렵지만 호기심을 자극하는 미션이고, 해야 하는 일은 쉽지만 지루한 미션이다. 만약 현재 레벨이 너무 낮다면 당장은 쉽지만 지루한 미션, 해야 하는 일을 해야 한다. 경험치를 쌓아야 하기 때문이다. 하지만 언제까지나 같은 자리에만 머물 수는 없다. 게임의 진정한 재미를 느끼기 위해 다음 미션으로 넘어가야 한다.

우리가 걸어야 할 길은 어렵지만 호기심을 자극하는 미션, 하고 싶은 일을 선택해야 한다. 당장은 해야 하는 일에 묶여 옴짝달싹하지 못하더라도, 궁극적으로는 어렵지만 호기심을 자극하는 미션을 아이들이 잊지 않았으면 좋겠다. 도전하고 싶은 미션을 마음속 깊이 간직하고 살기를, 그날을 생각하면서 경험치를 쌓고 나만의 무기를 만들기를 바란다. 인생이라는 게임에서 우리 모두는 최종 보스와 싸우는 주인공이다. 나는 우리 앞에 놓인 영웅의 길을 응원한다.

Z세대가 궁금하다면 플레이하라

아주 오랜 옛날의 탐험은 직접 경험이었다. 사냥을 하고 물고기를 잡으면서 위험에 노출됐고, 사망하는 경우도 많았다. 인류는 본능적으로 안전한 매체를 찾았고, 구전되는 이야기와 그림, 소설을 통해 간접 경험을 늘려갔다. 19세기 말, 마침내 영화가 등장했다. 뤼미에르 형제Les frères Lumière는 세계 최초로 영화를 만들어 상영했다. 50초짜리 무성 영화였는데, 열차가 달려오는 모습을 보여줄 뿐 특별한 내러티브가 없었다. 하지만 영화를 보던 관객들은 혼비백산했다. 열차가 화면을 뚫고 나와 덮칠까 봐 두려울 정도로 신기한 경험이었던 것이다. 근대화가 진행되면서 영화적인 기법을 활용한 것은 뜻밖에도 종교였다. 설교로 들려주거나 글로 읽으며 상상했던 것과 달리 지옥을 형상화한 영상은 공포 그 자체였다. 놀이가 짧은 시간의 경험이었다면, 소설은 그 경험을 길게 연장해 주는 매체였고, 영화는 상상하는 것을 최적의 이미지로 시각화해 준 것이다.

기술이 발달하면서 간접 경험으로 할 수 있는 모험의 범위는 넓어지고 더불어 상상력도 좋아졌지만, 직접 경험처럼 강렬한 기억을 몸에 남기지는 못했다. 완성된 이야기인 책과 영화에는 내가 개입해 바꿀 수 있는 부분이 없기 때문이다. 이러한 영상 매체에 상호 작용성이 적용된 것이 게임이다. 정해진 세계관과 이야기 속에 들어가 주도적으로 상황을 바꿀 수 있게 된 것이다.

Z세대는 1990년대 중반에서 2000년대 초반에 걸쳐 태어난 세대를 말한다. 어릴 때부터 디지털 환경에서 자랐기에 '디지털 네이티브digital native'라 불린다. 그들은 인터넷과 IT 기기에 친숙하며, TV나 PC보다 스마트폰에 익숙하다. 소통, 개성, 다양성, 포용성을 Z세대의 특징으로 꼽는다. Z세대는 소통하는 것을 중요시 여기며, 자기 스타일을 표현하는 것을 좋아한다. 개성 있게 자신을 표현하면서 누군가와 소통하길 원하는데, 교복을 입고 학교-학원-집 루트를 반복하는 동선 안에는 소통할 수 있는 친구도, 표현할 수 있는 개성도 제한적이다. 그러다 보니 소통의 도구는 주로 스마트폰이 된다. 제페토나 게임 같은 가상의 공간에서 아바타를 꾸미거나 SNS에 사진이나 동영상을 업로드하는 것으로 개성을 표현한다. 스마트폰을 한시도 손에서 내려놓지 않는 이들을 일부에서는 모바일 중독이라고 폄훼하는데, 그보다는 모바일 디바이스가 있어 그나마 일부 욕구를 해소할 수 있는 거라고 이해하는 것이 옳다. 스마트폰이 콘텐츠 소비의 주요 매체로 자리하면서 시청률 50%의 드라마, 국민 가수, 유행어 같은 메가 히트의 개념이 사라지고, 다양성이 풍부해졌다. Z세대는 전통 미디어의 문법을 그다지 선호하지 않는다. 모든 세대를 아우르는 드라마는 사라진 지 오래고, 생산 원가가 낮으면서 다양하게 전달할 수 있는 콘텐츠가 성장하고 있다. 다양성을 확보하는 데 한계가 있어 보이는 TV 채널의 대안으로 유튜브YouTube와 트위치Twitch, 아프리카TVAfreeca TV와 같은 플랫폼이 인기를 끄는 것도 그 때문이다. 과거에는 대량으로 만화책을 인

쇄해 판매했지만, 요즘은 혼자 웹툰을 작업해 업로드하고 소수의 독자만 확보해도 수익이 생기는 구조다. 음악도 마찬가지다. 커다란 스피커로 음악을 듣던 시절에는 파워풀한 가창력을 보여줄 수 있는 노래가 인기 있었지만, 이어폰으로 각자 좋아하는 음악을 듣는 시대가 되자 속삭이는 듯 잔잔한 노래가 음원 사이트를 점령하고 있다. 이렇듯 Z세대는 다양성을 지향하면서도 서로 다른 문화를 존중해 주는 포용성이 뛰어난 세대다.

Z세대의 성향을 규정할 때 스마트폰이 빠지지 않고 등장한다. 스마트폰을 사용하면서 Z세대의 성향이 변화한 것인지, 시대적인 특성상 소통, 개성, 다양성, 포용성을 가지고 있었지만 제대로 해소하지 못했던 것이 스마트폰을 만나 폭발한 것인지는 알 수 없다. 다만 확실한 것은 Z세대가 5~10년 내 사회에 진출해 시장의 주요 플레이어가 될 거라는 점이다. 스마트폰을 사용하면서 유행하는 이벤트나 챌린지에 열광하고, 아무리 재미있어도 다 즐기고 나면 미련 없이 하차하고 다음 놀거리로 갈아타는 이들의 성향을 이해해야 기업의 수명도 길어질 것이다.

게임을 연구하는 대학교수입니다

교수라고 하면 고리타분한 사람이 되고, 연구하는 분야가 게임이라고 하면 고리타분하면서 나쁜 사람이 된다. 동료 교수들은 애들 놀이를 연구할 가치가 있느냐 묻고, 기업 교육에 게임을 활용하겠다면 담당자가 난색을 표한다. 게임이 미래의 표준 문화가 될 거라고 하면 학부모들은 "그래서 어느 학원에 보내야 하느냐?"고 묻는다. 게임을 게임으로 바라보는 것은 게임 인구뿐인 듯하다.

학창 시절의 나는 오락실에 가는 걸 좋아했지만 '죽돌이'는 아니었다. 용돈이 넉넉하지 않아 오락실에 가면 게임기 앞에 앉아 게임하는 시간보다 게임기 뒤에 서서 구경하는 시간이 더 길었다. 그래도 좋았다. 뒤에서 팔짱 끼고 구경하면서 마음속으로 온갖 잔소리를 하는 것도 놀이였으니까. '빤히 보이는 길을 왜 못 찾는 거야!', '아까도 오른쪽으로 가서 죽었잖아!' 시야란 게 원래 그렇다. 한 걸음 떨어져서 보면 오히려 선명해진다. 게임과 나 사이에는 딱 그만큼의 거리가 있었다. 그래서 게임 '덕후'의 길이 아닌 게임 '연구자'의 길로 들어설 수 있었다. 학창 시절 오락실에서 한 발자국 떨어져 게임하는 친구를 지켜봤던 것처럼, 근거리에서 객관적으로 게임을 바라볼 수 있게 됐다.

종종 "어떻게 게임을 연구하게 됐느냐?"는 질문을 받는다. '게임'과 '연구'의 고리에서 '가치'를 못 느끼기에 던지는 질문일 것이다. 고등학생 때까지만 해도 〈심시티〉에 빠져서 도시공학자나 건축가를 꿈꾸던 진로가 '게임'으로 바뀐 건 대학 진학 즈음이었다. 나는 대학에서 로보틱스를 전공했다. 입학만 하면 '태권V'를 뚝딱 만들 줄 알았는데, 현실은 로봇과 거리가 멀었다. 당시 대학은 학부생이 로봇을 만들 수 있는 환경이 아니었다. 그나마 다행인 것은 수업 시간에 프로그래밍 언어를 배워 간단하게 게임을 설계할 수 있었다는 것. 교과목에는 프로그래밍 관련 수업이 겨우 두 과목이었지만, 나는 원서를 구입해 독학할 정도로 적극적이었다. 당시 나는 매일 학교를 마치면 아르바이트를 하고, 남는 시간을 몽땅 서점에서 보냈다. 관련 서적이 많지 않은 데다 원서 가격이 만만찮았기에 서점에서 매일 4~5시간씩 머물며 책을 읽었다. 아르바이트로 번 돈으로는 한 달에 2권 정도, 정말 마음에 드는 책만 구입할 수 있었다. 그 무렵 프로그래머들이 보는 잡지 『프로그램의 세계』에 1년 동안 칼럼을 기고한 일도 있다. 그러면서 게임을 플레이하는 것보다 나만의 게임을 만들고 싶은 욕망이 점점 더 강해졌다.

대학교 3학년 겨울 방학 때는 취직을 했다. 맥주병 라벨을 만드는 특수 프린트 회사였는데 미래의 먹거리를 위해 게임사업부를 신설했고, 나는 학생 신분으로 스카우트됐다. 그 무렵의 나의 취미 생활은 서점에서 '책 동냥'으로 익힌 기술로 게임을 만들어 친구들에게 나눠주는 것이었다. 운이 좋았다. 내가 취직한 회사의 사장 조카가 우연히 그 게임 중 하나를 보게 됐고, 그 인연으로 새로운 일을 할 기회가 주어졌다. 나의 상업 게임 데뷔작 〈빛의 전사〉는 그렇게 탄생했다. 전화 접속 모뎀을 사용하던 시절이니 용량이 큰 그래픽은 사치, 파란 화면에 흰 글씨가 전부인 머드 게임이었다. 〈빛의 전사〉는 1년 정도 서비스됐다. 게임을 개발한 회사보다 게임을 서비스하는 통신사가 거의 모든 이윤을 가져가는 구조였고, 꽤 많은 수의 사용자를 확보했음에도 수익이 나지 않자 게임사업부는 사라졌다.

그사이 대학원에 진학했다. 전공은 산업공학. 경영을 배우기 위한 선택이었다. 괜찮은 체했지만 게임사업부가 해체된 것이 너무 아쉬웠다. 팀 해체의 원인이 게임 자체에 있는 것이 아니라 이윤 분배에 있다는 사실이 더 억울했다. 그 때문이었을 거다. 어리석게도 '좋아하는 것만 하는 것은 사치, 돈 되는 일을 하자.'라고 결심했다. 작은 IT 보안 회사를 창업했다. 지금은 사라졌지만, 한때 코스닥에 상장됐을 정도로 안정적인 회사였다. 문제는 내게 있었다. 돈을 좇아 시작한 일이라 그런지 전혀 즐겁지 않았다. 보안 소프트웨어는 게임 소프트웨어와 작동 원리가 반대다. 기업이 소프트웨어를 구입해 설치하면 기업으로 들어가는 인터넷 라인 입구에서 보초를 서면서 외부 침입자로부터 회사의 정보를 지키는 것인데, 이 과정에서 직원 개개인이 접속한 웹사이트나 사용한 프로그램을 검열하는 것도 가능했다. 몇몇 친구들로부터 "너 때문에 우리 직장인들이 살기 힘들어졌다."고 볼멘소리도 들어야 했다. 친구들은 농담 반 진담 반으로 한 말이었지만 내게는 상처였다. 친구가 원망스러운 게 아니라 '내가 지금까지 이런 일을 해왔구나.' 하고 처음 깨달은 거다. 누군가에게 상처와 고통이 되는 프로그램을 내 손으로 만들었다는 것이 고통스러웠다. 보안 소프트웨어가 나쁘다는 게 아니다. 어딘가 나답지 않은 제품, 내가 꿈꾸지 않은 것을 스스로 만들어낸 기분이 들었을 뿐이다. 박사 과정을 인지과학 전공으로 바꾸는 계기가 됐다. 산업 이전에 인간을 아는 게 더 중요하다고 생각했다.

학부 때 로보틱스를 공부하고 석·박사 때 산업공학과 인지과학을 공부했다고 하면, 묻는 말은 하나다. "그런데 왜 게임을 연구해요?" 나는 잡다한 지식을 두루 갖춘 사람들이 연구해야 하는 것이 게임이라 생각한다. 만약 내가 소설을 쓸 거라면 기술을 몰라도 괜찮다. 중세 시대 배경의 판타지 소설을 쓸 때 학부 때 배운 로보틱스 관련 지식은 거의 쓸모가 없으니까. 알면 도움이 되지만 필수는 아니다. 그런데 중세 시대 배경의 판타지 게임을 개발한다고 하면 내가 직접 프로그래밍을 하지 않더라도 최소한의 기술적 배경 지식이 있어야 한다. 게임은 현대에 가장 고도화된 지식과 기술이 집약된 매체다. 종합 예술이라 불리는 영화조차도 완성되고 나면 관객이 개입할 수 있는 부분이 거의 없다. 감상을 공유하거나 팬덤을 형성해 감독판을 제작하도록 힘을 모아주는 것 정도가 전부다. 그런데 게임은 출시된 후에도 활발하게 사람들과 상호 작용하면서 구조나 설정이 계속 달라진다. 완벽하게 설계하고 철저하게 테스트했다 하더라도 여러 사람이 게임하면서 오류가 발생하기도 하고, 미처 찾지 못한 오류를 발견하기도 한다. 발생할 수 있는 수백만 가지의 상황을 모두 고려한 설계의 결정체가 게임이다. 잡다한 지식을 가진 이들이 다양한 관점에서 게임을 연구하고, 보다 많은 게임의 제작 과정에 각 분야의 전문가가 함께하기를 바라는 이유다.

게임에 덧씌워진 원죄를 씻어낼 책임과 힘은 누구에게 있을까. 지나치게 상업적인 게임을 양산해 내는 기업, 자녀가 휴식 없이 공부만 하기를 바라는 부모, 게임과 도박을 같은 시선으로 바라보는 정부, 즉 우리 모두에게 조금씩 책임이 있다. 인간은 게임을 만들었고, 게임은 인간을 만들고 있다. 어떤 게임을 만들고, 어떤 인간이 될 것인지는 우리에게 달려 있다.

게임 인류

초판 1쇄 발행 2021년 4월 6일
초판 7쇄 발행 2022년 1월 7일

지은이 김상균
펴낸이 안지선

책임편집 이미선
디자인 석윤이
교정 신정진
마케팅 최지연 이유리 홍윤정
제작 투자 타인의취향
제작처 상식문화

펴낸곳 (주)몽스북
출판등록 2018년 10월 22일 제2018-000212호
주소 서울시 강남구 학동로9길13 201
이메일 monsbook33@gmail.com
전화 070-8881-1741
팩스 02-6919-9058

ISBN 979-11-91401-01-1 (03320)

mons (주)몽스북은 생활 철학, 미식, 환경, 디자인, 리빙 등 일상의 의미와 라이프스타일의 가치를 담은 창작물을 소개합니다.